KB190764

예 · 수 · 구 · 원

나는 어떻게
예수님을 믿는가?

국립중앙도서관 출판예정도서목록(CIP)

(예·수·구·원) 나는 어떻게 예수님을 믿는가?
지은이: 이일화 — 서울 : 유림프로세스, 2015
　　　p. ;　cm

ISBN 978-89-98771-05-8 03230 : ₩11,000

개인 신앙 생활[個人信仰生活]
기독교 신앙[基督敎信仰]

234.8-KDC6
248.4-DDC23　　　　　　　　　　　CIP2015013801

이 도서의 국립중앙도서관 출판예정도서목록(CIP)은
서지정보유통지원시스템 홈페이지(http://seoji.nl.go.kr)와
국가자료공동목록시스템(http://www.nl.go.kr/kolisnet)에서
이용하실 수 있습니다.(CIP제어번호: CIP2015013801)

예·수·구·원

나는 어떻게
예수님을 믿는가?

이일화 지음

유림

하나님이

세상을 이처럼 사랑하사

독생자를 주셨으니

이는

그를 믿는 자마다

멸망하지 않고

영생을 얻게 하려 하심이라

(요3:16)

새번역 사도신경

나는
전능하신 아버지 하나님,
천지의 창조주를 믿습니다.

나는
그의 유일하신 아들,
우리 주 예수 그리스도를 믿습니다.

그는
성령으로 잉태되어
동정녀 마리아에게 나시고
본디오 빌라도에게 고난을 받아
십자가에 못 박혀 죽으시고
장사된 지 사흘 만에
죽은 자 가운데서 살아나셨으며

하늘에 오르시어

전능하신 아버지 하나님 우편에 앉아 계시다가

거기로부터 살아 있는 자와 죽은 자를

심판하러 오십니다.

나는

성령을 믿으며,

거룩한 공교회와 성도의 교제와

죄를 용서받는 것과

몸의 부활과 영생을 믿습니다.

아멘.

- 사도신경은 전통적인 교회의 신앙고백입니다. -

예수 그리스도는 과연 어떤 분일까요? 어떤 분이시기에 우리를 구원했다고 하고, 우리의 위로가 되시고, 우리에게 영생이 되는 것일까요?

누구나 인생을 살아가는 중에 전혀 예기치 않은 일들로 어려움을 겪게 됩니다. 누군가에게 의지하고 싶은데 그런 사람조차 하나 없는 너무나 고독하고도 힘든 시기가 다가올 때, 교회에 나가는 지인을 통하여 우리의 구세주이신 예수 그리스도를 믿으라는 권유를 듣게 됩니다.

이런 권유를 받아들여 지푸라기라도 잡고 싶은 심정으로 교회에 출석하고 보면, 그곳에서 전혀 예기치 않았던, 우리 인생에 있어서 가장 중요하고 고귀한 한 분을 만나게 됩니다. 그분이 바로 예수 그리스도입니다.

그리스도인들은 하나님이라고도 하고, 참 사랑이라고도 하며, 참 사람이시면서도 하나님 자신이셨던 분, 그분을 우리는 우리의 구세주로 받아들입니다. 이제 그분을 소개하고자 합니다.

예수님께서는 우리에게 이렇게 말씀하셨습니다.

수고하고 무거운 짐 진 자들아 다 내게로 오라 내가 너희를 쉬게 하리라. 나는 마음이 온유하고 겸손하니 나의 멍에를 메고 내게 배우라 그리하면 너희 마음이 쉼을 얻으리니, 이는 내 멍에는 쉽고 내 짐은 가벼움이라 하시니라. (마11:28-30)

예수 그리스도, 그분은 우리를 죄에서 건져내셨으며, 우리의 죄를 대속해 주시기 위하여 이 땅에 오셔서 십자가 위에서 죽음을 당하셨습니다. 그분은 우리에게 이렇게 말씀하십니다.

예수께서 이르시되 "내가 곧 길이요 진리요 생명이니 나로 말미암지 않고는 아버지께로 올 자가 없느니라." (요 14:6)

그분을 우리의 주님으로 영접할 때, 주님께서는 우리가 그분의 자녀가 되는 권세를 누리도록 허락하여 주시겠다고 말씀하셨습니다.

영접하는 자 곧 그 이름을 믿는 자들에게는 하나님의 자녀가 되는 권세를 주셨으니, 이는 혈통으로나 육정으로

나 사람의 뜻으로 나지 아니하고 오직 하나님께로부터 난 자들이니라. 말씀이 육신이 되어 우리 가운데 거하시매 우리가 그의 영광을 보니 아버지의 독생자의 영광이요 은혜와 진리가 충만하더라. (요1:12-14)

여러분! 예수 그리스도를 믿으십시오. 예수 그리스도를 나의 주 나의 하나님으로 받아들이십시오. 그분은 바로 여러분을 구원하시길 원하시고 계시며, 여러분과 함께 하시길 원하시고 계십니다.

여러분이 예수 그리스도를 주님으로 영접하고, 그분을 나의 주 나의 하나님으로 받아들이며, 그리고 그분 앞에 이 믿음을 고백하면, 주님께서는 성령(Holy Spirit)으로 바로 여러분 안에 거하시며, 여러분과 동행하실 것입니다.

주 예수를 믿으라. 그리하면 너와 네 집이 구원을 받으리라.
(행 16:31)

이 책을 읽으므로 우리의 생명이시며, 우리의 구주
(Savior)이신 예수 그리스도, 그분을 주님으로 영접하므
로 복된 삶을 누리시기 바랍니다.

여러분이 가까운 교회에 출석하면 신앙의 도움을 받을
수 있으며, 여러 성도들과 주님께 예배드리는 기쁨을 함
께 누릴 수 있을 것입니다.

2015. 6.

저자 올림

일러두기

* 이 책에 인용된 성경구절은 모두 우리교회가 채택하고 받아들이고 있는 대한성서공회의 개역개정 4판의 번역문을 따랐습니다.

* 성경의 표기는 성경이 채택하고 있는 성경의 약어표에 의하여 표기하였으며, 장절의 표시는 괄호 안에 : 로 나누어 앞부분에 성경의 장을, 뒷부분에 절을 표기하였습니다.

차 례

12

신앙의 첫 출발

영생의 길에 대하여

1. 하나님의 창조

(1) 태초에 하나님이 천지를 창조하셨습니다.(창1:1)

(2) 사람만을 하나님의 형상대로 지으셨습니다. (창1:27)

(3) 하나님께서 사람만을 가장 존귀한 생명체로 만드셨고, 하나님의 명령대로 살며 영생하도록 하셨습니다. (창3:22, 딛1:2)

2. 인간의 죄

(1) 사람은 모두다 하나님의 법을 어기고 자기 욕심대로 살려다 죄인이 되고 말았습니다. (롬5:12)

(2) 죄는 하나님을 섬기지 않고 자기 정욕대로 사는 것입니다. (롬1:21)

(3) 또 죄는 믿음으로 좇아 하지 아니하는 모든 것, 즉 모든 불의한 것입니다. (롬14:23, 약4:17, 요일3:4, 5:17)

3. 심판과 형벌

(1) 사람은 죄 값으로 반드시 죽게 되어 있으며, 육신이 죽은 후에는 자신이 지은 죄에 대하여 **심판**을 받게 됩니다. (히10:27)

(2) 하나님 대하기를 두려워하는 자, 하나님 말씀을 믿지 않는 자, 살인자, 행음자, 술객, 우상숭배자, 거짓말하는 자들은 모두 다 심판을 받은 후, **둘째 사망**, 즉 유황불이 끓는 불 못에 떨어지게 됩니다. (계21:8)

(3) 이렇게 죄를 지은 사람은 자기 공로와 행위(수양, 지식, 선행)로는 결단코 구원을 얻지 못하며, **하나님의 선물인 예수 그리스도를 믿고 감사**하며 그 은혜를 받아들여야만 구원을 얻고 **영생의 길**에 들어설 수 있습니다. (엡2:8-9)

4. 예수 그리스도

(1) 하나님께서 인생을 극진히 사랑하심으로 인간의 죄
를 용서하여 주시기 위해 예수 그리스도를 이 땅에
보내셨습니다. 우리가 그분을 믿음으로 구원을 얻
고 영생을 얻을 수 있도록 길을 열어 놓으셨습니다.
(요3:16, 14:6)

(2) 예수 그리스도는 천국 가는 길, 진리, 생명의 주님
이십니다. 영생의 길은 오직 예수 그리스도 한 분뿐
임을 우리에게 가르쳐 주셨습니다. (요14:6)

(3) 이 증거로 하나님과 사람 사이에 중보자 되신 예수
그리스도께서 우리의 죄를 속량하시기 위해 우리를
대신하여 십자가를 짊어지셨습니다. 그리고 십자가
위에서 대속의 죽으심을 죽으신 후, 3일 만에 다시
살아나심으로 부활과 영생이 있음을 확실히 증거하
여 주셨습니다. (딤전2:5, 벧전3:18, 고전15:3-4)

5. 사죄하는 길

(1) 하나님께서 말씀하시기를, '오라 우리가 서로 변론
하자. 너희의 죄가 주홍 같을 지라도 눈과 같이 희어
질 것이요, 너희의 죄가 진홍 같을 지라도 양털 같이
희게 되리라. 너희가 즐겨 순종하면 땅의 아름다운
소산을 먹을 것이요. 너희가 거절하여 배반하면 칼
에 삼켜지리라.' 하고 말씀하셨습니다. (사1:18)

(2) 주님께서 말씀하시기를 '수고하고 무거운 짐 진 자
들아 다 내게로 오라. 내가 너희를 쉬게 하리라.'라
고 말씀하셨습니다. (마11:28)

(3) 이 복된 말씀을 듣고, 과거의 지은 죄와 잘못을 하
나님 앞에 온전히 자백하고 회개하면, 하나님께서
우리의 모든 죄를 사해 주시며, 모든 불의에서 우리
를 깨끗케 하여 주실 것입니다. (요일1:9)

6. 성령님의 도우심

(1) **하나님**께서는 우리가 연약하다는 사실을 다 아시고 **보혜사**(Counselor, 우리를 도우시는 분) 성령님을 보내셔서 우리를 도와주시고 계십니다. (롬8:26)

(2) **보혜사 성령님**의 감동이 없이는 예수 그리스도를 나의 생명의 구주(Savior)로 시인할 수 없습니다. (고전12:3)

(3) 지금 이 시간 **성령님**께서 역사하시고 계실 때, 마음의 문을 열고 **예수 그리스도**를 '나를 구원하신 주님, 나의 하나님'으로 모셔 들이시기 바랍니다. 그렇게 하면 **성령님**께서 우리가 예수님과 함께 살아갈 수 있도록 인도해 주실 것입니다. (계3:20)

7. 놀라운 축복

(1) 바로 지금 이 순간, 예수 그리스도께서 나를 위한 대속의 죽음을 죽으셨다는 사실을 믿고 고백하면, 구속 곧 죄 사함을 얻게 됩니다. (골1:14)

(2) 예수 그리스도를 믿는다는 것은 예수님을 '나를 구원하신 주님'으로 영접하는 것을 말합니다. 하나님께서 보내신 예수 그리스도를 구주(Savior)로 영접하는 이들, 즉 그분을 믿는 이들에게는 하나님의 자녀가 되는 권세를 허락하여 주십니다. (요1:12)

(3) 부활하신 후, 하늘로 승천하신 예수 그리스도께서 세상 종말의 때, 산 자와 죽은 자를 심판하러 다시 오십니다. 이때 예수 그리스도께서 심판의 주님이 되십니다. 하나님의 말씀을 듣고 예수 그리스도를 구주로 영접한 사람들은 영생을 얻을 것이며, 하나

님의 심판에 이르지 않게 됩니다. 우리는 사망에서
생명으로 옮겨진 사람들이기 때문입니다. (히9:28,
벧전4:5, 요5:24)

8. 결론(하나님을 섬기고 예수님을 믿는 자의 결과)

(1) 이 땅위에서는

① 하나님의 말씀을 순종하면 우리의 하는 일과 우리
의 자손들뿐만 아니라, 그리고 우리의 건강에까지
축복을 받는다고 하였습니다. (신28:2)

② 진리 안에 살면 우리의 영혼이 잘되며, 우리의 모든
일들이 형통하며, 우리의 육신 또한 강건토록 인도
하여 주신다고 하셨습니다. (요삼1:2)

③ 이 하나님의 말씀인 성경이 우리 인생에게 영생이
있음을 알려주고, 영생 또한 예수 그리스도, 그분에

게 있음을 알게 해 줍니다. (요5:39)

(2) **우리의** 사후에는

① 생명의 부활로 일어나 영구한 도성, 즉 천국에 들어
가게 됩니다. (고후 5:1)

② 주님의 말씀 안에서 생활한 사람들은 새 하늘과 새
땅을 바라보게 됩니다. (벧후3:9-13)

③ 이 땅위에 사는 동안 주님 안에서 행한 대로 상급을
받고 영원한 안식을 얻게 됩니다. (계14:13)

(3) **결론적으로**

① 하나님께서는 한 사람도 죄 값으로 멸망하지 않고
영원한 생명을 얻게 되기를 원하시고 계십니다. (요
6:39-40, 벧후3:8-9)

② 그리하여 우리가 영영한 형벌인 지옥에 빠지지 않고, 오직 예수 그리스도를 믿음으로 우리 모두 **생명의 부활**로 영생이 있는 **천국**에 들어갈 수 있게 되기를 원하시고 계시는 것입니다. (요5:24,29, 8:51)

믿음 더 깊이 알기
영원한 생명으로 인도하는 진리

신앙생활의 출발은 우리가 믿는 예수 그리스도, 그분이 어떤 분이신지를 이해하는 데서부터 출발합니다. 하나님의 구원의 계획을 알면 알수록 그분의 인류에 대한 사랑과 관심을 깨달을 수 있기 때문입니다.

교회를 다니는 사람이든 그렇지 않은 사람이든 예수 그리스도에 대하여 아는 것은 바로 성경을 통해서입니다. 예수 그리스도에 대하여 듣는다는 것은 복음이 무엇인지 아는 것이며, 궁극적으로는 인간이 하나님께 가까이 나아가는 길이 되는 것입니다.

하나님께서 천지를 창조하시고 인간을 만드신 이후, 하나님께서는 인간이 죄에서 구원을 받기 위해서는 죄 없는 어린 양의 희생제물이 필요했음을 아셨고, 따라서 죄 없으시고 흠 없으신 그분의 외 아드님을 친히 동정녀의 몸을 통해서 이 세상에 보내셨습니다. 그리고 그분은 삼십삼 년간의 공생애를 사시다가 우리를 위하여 십자가에 달려 돌아가셨으며, 다시 사흘 만에 죽은 자 가운데서 부활하셨습니다.

부활하신 후에는 사십 일간을 이 세상에 계시다가 오백여명의 사람들이 바라보는 가운데 하늘로 올라가셨습니다. 이것이 바로 성경이 기록하고 있는 그분에 대한 이야기입니다.

그분은 이 세상에 계시는 동안 수많은 병자를 고치셨으며, 앉은뱅이를 일으키셨고, 가난한 과부의 작은 헌금을 칭찬하셨으며, 죄인들과 함께 하셨습니다. 또한 그분은 우리의 죄를 사하셨으며, 더러움을 깨끗하게 하셨을 뿐만 아니라, 사람들이 싫어하는 비천한 무리와 함께 하셨고, 매인 자에게 자유함을 주셨습니다.

예언자들은 이미 예수 그리스도께서 이 세상에 오시기 이전에, 그분이 오셔서 우리의 구세주가 되실 것임을 먼저 우리에게 알려주셨고, 이 사실이 그대로 이루어졌습니다.

예수님께서 이 땅에서 공생애를 사시며 많은 사람들에게 말씀을 가르치시던 중에는 그분이 행하시고 베푸신 일들로 모든 사람이 그분이 거룩하신 하나님의 외 아드님(독생자)이심을 알 수 있었습니다. 우리는 거룩하신 하나님의 외 아드님이신 그분의 희생과 부활을 믿습니다.

믿음으로 우리는 하나님께 의롭다 칭함을 받게 되며, 우리는 예수 그리스도를 믿으므로 예수 그리스도를 닮아가는 생활을 하게 되는 것입니다.

따라서 이 장에서는 크게 아홉 가지의 이야기로 예수 그리스도의 오심과 우리를 구속하신 그분의 희생, 그리고 그분을 따르는 그리스도인의 삶을 소개하고 있습니다.

먼저는 하나님께서 천지를 창조하시고 인간을 축복하셨다는 것과 인간의 타락으로 인한 원죄 때문에 하나님께서 심판을 선언하셨다는 것, 그리고 죄에 따른 인간의 죄의 유전과 율법에 의한 죄를 살펴봅니다. 또한 인간의 죄악에 따른 심판과 그 심판의 결과로 인간이 받게 되는 영영한 지옥 형벌에 대하여 설명합니다.

더 나아가서 복음의 핵심인 인류의 구세주이신 예수 그리스도께서 오심과 그분의 희생, 그리고 그분의 이름으로 오시는 성령님의 도우심, 예수 그리스도를 믿음으로써 얻게 되는 죄 사함과 영생의 축복에 대하여 설명합니다.

이어서 예수님을 섬기는 삶으로의 변화와 예배드리는 생활과 예수 그리스도 안에서의 교제, 그리고 예수 그리스도를 구주로 영접한 믿음을 가진 이후의 결과로 얻어지는 이 땅에서의 삶의 행복을 살펴봅니다.

그 다음에는 죽음 이후의 부활과 그리고 예수님께서 오실 때까지의 성도들의 기다림의 생활들을 설명합니다.

이 소책자는 예수 그리스도를 정확하게 알지 못하는

사람들을 위하여 성경이 우리에게 들려주시고자 하는 말씀의 내용을 따라 예수 그리스도, 그분이 어떤 분이신 지를 알려주는데 그 목적이 있습니다.

처음 신앙을 접하는 이들에게는 신앙생활의 기초를, 그리고 처음 예수 그리스도를 믿게 되는 사람들에게는 그분이 어떤 분이신지 더 깊이 알 수 있도록 예수 그리스도에 대한 믿음의 입문서로써 그 역할을 다 하고자 하는 것입니다.

죄로 죽을 수밖에 없는 우리들을 죄 가운데서 건져내신 예수 그리스도, 인류의 영원하신 구세주, 그분의 이름을 알려드리고자 하는 것이 바로 이 소책자가 가진 목적입니다.

매일 매일 주님이 어떤 분이신지를 되새기며, 우리가
가 있게 될 천국과 지옥에 대하여 알 수 있게 되기를 바
라며, 이 소책자를 읽는 여러분 모두 부디 예수 그리스
도를 믿어 천국에 함께 이르게 되기를 소망합니다.

1. 인간 창조의 비밀

이 세상은 어떻게 창조되었을까요, 또한 하나님께서 이 세상을 창조하신 이유는 무엇일까요? 성경은 하나님께서 온 세상과 인간을 창조하시고 축복하신 사실을 기록하고 있습니다. 하나님께서 인간을 창조하신 내용과 그 과정을 살펴보면 우리가 사는 세상이 다시 한 번 아름답게 느껴지게 될 것입니다.

하나님이 자기 형상 곧 하나님의 형상대로

사람을 창조하시되 남자와 여자를 창조하시고

하나님이 그들에게 복을 주시며

하나님이 그들에게 이르시되 생육하고 번성하여

땅에 충만하라, 땅을 정복하라,

바다의 물고기와 하늘의 새와

땅에 움직이는 모든 생물을

다스리라 하시니라

(창1:27-28)

하나님의 세상 창조

우리 인간에게 구원이 왜 필요한지를 이해하는 것은 하나님께서 인간을 지으신 세계창조의 시간의 때를 아는 것에서부터 시작된다고 볼 수 있습니다.

우리 인간은 하나님께서 창조하신 피조물로써 하나님의 영광을 찬송해야 할 의무가 있습니다. 그것은 하나님께서 인간을 지으시고 매우 기뻐하셨다고 하는 성경의 기록 때문입니다.

하나님께서 인간을 창조하신 이유는 바로 하나님께서 피조물인 인간을 통하여 영광을 받으시길 원하셨던 것입니다.

하나님의 세상에 대한 창조의 기록은 태초에 하나님
께서 천지를 창조하신 일들로 시작합니다.

하나님께서 말씀으로 빛과 어둠, 하늘과 바다, 그리고
땅과 각종 채소들, 식물과 동물을 창조하시고 참 좋아하
셨습니다. 그리고 하나님께서 그 하시던 일을 마지막 일
곱 째 날에 마치시고 안식하시며 이날을 거룩하고 복되
게 하셨습니다.

세상 만물들의 창조 일정

하나님께서 세상을 창조하신 모습을 날자 별로 살펴
보면, 첫째 날에는 빛과 어둠을 나누시고 빛을 낮이라
부르시며, 어둠을 밤이라 부르셨습니다.

둘째 날에는 궁창을 만드시고 궁창 아래의 물과 궁창 위의 물을 나누시면서 궁창을 하늘이라 부르시고, 셋째 날에는 뭍을 땅이라 물을 바다라고 부르셨습니다. 또한 풀과 채소와 씨를 가진 열매 맺는 나무를 내게 하셨습니다. 넷째 날에는 낮과 밤을 나누시면서 징조와 계절과 날과 해와 별들을 만드셨습니다.

그리고 다섯째 날에는 바다짐승과 물에서 움직이는 모든 생물의 종류, 새들을 창조하시고, 여섯째 날에는 땅의 생물, 가축과 기는 것, 땅의 짐승들을 만드신 후, 마지막으로 사람을 창조하셨습니다.

인간의 창조의 이야기

하나님께서 그분의 형상대로 여섯째 날에 인간을 창조하셨습니다.

모든 우주와 땅을 창조하시던 그 여섯째 날에 그분의 형상대로 남자와 여자를 창조하시고 복을 주셨습니다. 특히 사람을 창조한 여섯째 날을 다른 날보다 매우 기뻐하셨는데, 이때 창조된 사람이 '아담(Adam)'입니다.

하나님께서는 아담을 돕는 배필이 없음을 보시고, 또한 아담의 갈빗대를 취하여 여자인 '하와(Eve)'를 만드셨습니다.

하나님께서 참으로 인간을 축복하셨습니다. 하나님께서 사람에게 말씀하시길 "생육하고 번성하여 땅에 충만하여라. 모든 생물을 다스려라"(창1:28) 말씀하시고, 에덴동산을 맡아서 돌보시게 하셨습니다.

하나님께서 인간을 에덴동산에 살게 하시면서 한 가지 명령을 하셨는데, 그 명령은 에덴동산에서 동산 각종 나무의 실과는 임의로 먹되, "선악을 알게 하는 나무의 실과는 먹지 말라", 그것을 먹는 날에는 "정녕 죽으리라"는 것이었습니다.

바로 이것이 성경에 기록된 하나님께서 인간을 창조하시고 기뻐하신 성경의 기록의 내용입니다.

하나님이 지으신 그 모든 것을 보시니
보시기에 심히 좋았더라.
(창1:31)

2. 인간의 원죄와 하나님의 심판 선언

인간의 죄를 이해하는 것은 인간이 구원을 받을 수밖에 없는 존재임을 이해하기 위한 필수적인 요소입니다. 인간이 어떻게 죄를 지었으며, 죄를 지은 이후 어떤 결과를 가져왔는지를 살펴보는 것은 인간이 죄의 유혹에 아주 나약한 존재라는 사실을 하나님의 말씀인 성경을 통해서 깨달을 수 있습니다.

네가 선을 행하면
어찌 낯을 들지 못하겠느냐
선을 행하지 아니하면
죄가 문에 엎드려 있느니라
죄가 너를 원하나
너는 죄를 다스릴지니라.

(창4:7)

인간의 원죄의 기원

인간의 원죄는 하나님의 명령을 어긴 것이었습니다. 신약성경은 인간이 죄를 지었던 우리들의 마음이 아담과 같이 다시 죄를 짓지 않기를 권면하고 있습니다.

뱀이 그 간계로 하와를 미혹한 것 같이 너희 마음이 그리스도를 향하는 진실함과 깨끗함에서 떠나 부패할까 두려워하노라 (고후 11:3)

인간의 죄는 인간이 뱀의 유혹에 빠져 하나님의 명령에 불순종한데서부터 출발합니다.

하나님께서 인간을 지으신 후, 인간이 하나님의 명령을

43

어기고 죄를 짓게 된 이야기를 살펴보면 이러합니다. 하나님께서 지으신 들짐승 중에 뱀이 가장 간교하였습니다.

뱀이 여자에게 "하나님이 정말로 너희에게 동산 안에 있는 모든 나무의 열매를 먹지 말라고 하셨느냐?"고 여자에게 물었을 때, 여자는 "먹지도 말고, 만지지도 말라. 너희가 죽을까 하노라"고 하나님께서 말씀하셨다고 대답했습니다.

뱀이 다시 여자에게 "선악과를 먹어도 죽지 않는다. 너희가 그것을 먹는 날에는 하나님과 같이 되어 선악을 알게 될 줄을 하나님이 아시기 때문이다."고 유혹하였을 때, 여자는 '먹음직도 하고, 보암직도 하고, 지혜롭게 할 만큼' 탐스런 나무의 열매를 따먹고, 남편에게도 주어 함께 먹었습니다.

선악과를 먹은 후 두 사람의 눈이 밝아져서 자기들이 벗은 몸인 것을 알고 무화과나무 잎으로 치마를 엮어서 몸을 가렸습니다.

죄의 유혹에 대한 핑계

동산을 거니시는 하나님께서 말씀하실 때 아담과 그 아내는 하나님의 낯을 피하여 동산 나무 사이에 숨었습니다.

그때 하나님께서 "아담아, 네가 어디 있느냐?"고 부르시며 말씀하셨습니다. 이 때 아담은 "내가 동산에서 하나님 소리를 듣고, 내가 벗었으므로 두려워하여 숨었습니다."하고 대답했습니다.

하나님께서는 아담에게 "누가 벗은 몸을 알려 주었느냐? 네게 먹지 말라고 한 나무의 열매를 먹었느냐?"하고 물었습니다. 그러자 아담은 여자가 주어서 먹었고, 여자는 "뱀이 나를 꾀므로 먹었나이다."하고 핑계를 대었습니다.

하나님의 명령에 불순종한 죄에 대하여 하나님께서 그 경위를 물으실 때, 아담과 하와는 서로에게 핑계를 대며 책임을 미루는 모습을 보입니다. 이것이 인간이 최초로 하나님의 명령을 어긴 원죄의 개략적인 내용입니다.

하나님의 심판 선언

하나님의 명령을 거역한 죄에 대하여 하나님께서 아담과 하와와 이들을 유혹한 뱀에게 심판을 분명하게 선언하셨습니다.

하나님께서 뱀에게 이르셨습니다. "뱀은 평생토록 기어 다니고, 흙을 먹어야 하며, 여자와 원수가 되게 하고, 뱀의 후손과 여자의 후손이 원수가 될 뿐만 아니라, 여자의 후손은 뱀의 머리를 상하게 할 것이며, 뱀은 여자의 후손의 발꿈치를 상하게 할 것이라."고 하셨습니다.

여자에게는 "잉태하는 고통을 크게 더하고, 수고하고 자식을 나을 것이며, 여자는 남편을 사모하고, 남편은

47

여자를 다스릴 것이라."고 말씀하셨습니다.

아담에게는 "땅이 아담 때문에 저주를 받고, 죽는 날까지 수고를 하여야만 땅에서 나는 것을 먹을 수 있으며, 땅이 가시덤불과 엉겅퀴를 낼 것이며, 아담의 먹을 것이 밭의 채소인즉, 흙으로 돌아갈 때까지 얼굴에서 땀을 흘려야 식물을 먹을 수 있고, 흙에서 만들어졌으므로 흙으로 돌아갈 것"(창3:17-19)이라고 하셨습니다.

이 때 아담은 자기 아내의 이름은 하와(생명, 생명이 있는 모든 것의 어머니)라고 하였습니다.

하나님의 인간을 보호하심과 추방

하나님께서 아담과 그의 아내 하와를 위하여 그들을 벌거벗은 채로 버려두지 아니하시고 가죽옷을 지어 입히셨습니다.

그리고 아담을 에덴동산에서 내보내시고 그 근원이 된 땅을 갈게 하셨습니다.

하나님께서 에덴동산에서 인간을 쫓아내신 후 다시는 인간이 에덴동산으로 들어갈 수 없게 하셨으며, 에덴동산 동쪽에 천사들과 두루 도는 불길을 두어 생명나무의 길을 지키게 하였습니다.

　　이리하여 인간은 그들이 지은 죄 때문에 결국 에덴동
산에서 쫓겨날 수밖에 없게 되었던 것입니다.

3. 인간의 죄의 유전과 율법에 의한 죄

모든 사람에게 죄가 있다면 그 이유는 무엇일까요? 지금까지 구체적

으로 이해하지 못하였던 죄의 개념을 좀 더 세밀히 살펴보게 된다면,

나 자신이 죄인이라는 사실을 분명하게 인식할 수 있을 것입니다. 죄

가 무엇인지를 알아야만 우리가 죄에서 벗어나 예수 그리스도의 은

혜를 경험하는 생활이 필요하다는 분명히 사실을 알 수 있게 되기 때

문입니다.

그러므로 한 사람으로 말미암아

죄가 세상에 들어오고

죄로 말미암아 사망이 들어왔나니

이와 같이 모든 사람이 죄를 지었으므로

사망이 모든 사람에게 이르렀느니라.

(롬5:12)

죄의 결과와 유전

죄의 결과는 인간 모두가 사망에 이르게 되었다는 것입니다. 성경은 아담의 죄로 인하여 죄가 유전이 되었다는 사실을 설명하여 줍니다.

아담의 불순종의 죄 때문에 세상에 죄가 들어오고, 이 죄로 말미암아 사망이 세상에 들어오게 되었습니다. 아담의 죄 때문에 모든 사람이 죄인일 수밖에 없게 되었고, 그래서 모든 사람이 죽음에 이를 수밖에 없게 된 것입니다.

그러므로 한 사람으로 말미암아 죄가 세상에 들어오고, 죄로 말미암아 사망이 들어 왔나니, 이와 같이 모든 사

람이 죄를 지었으므로 사망이 모든 사람에게 이르렀느니라. (롬5:12)

죄는 하나님께서 주신 율법이 있기 전에도 세상에 있었으나, 율법이 없을 때에는 죄를 죄로 여기지 아니하였으므로 사람들이 죄를 죄로 인식하지 못하였습니다.

그리하여 아담 때부터 모세 시대까지 사망이 왕노릇(죽음이 지배)하여, 아담의 범죄와 같은 죄를 짓지 않은 사람들까지도 죽음의 지배를 결코 벗어나지 못하게 되었습니다. (롬5:12-14)

그러나 아담으로부터 모세까지 아담의 범죄와 같은 죄를 짓지 아니한 자들까지도 사망이 왕노릇 하였나니 (롬5:14)

율법에 의한 죄

그러나 하나님께로부터 모세가 율법을 받은 이후에는 모든 사람이 율법에 의하여 죄를 짓게 되었습니다.

율법은 하나님의 명령으로 이 명령을 위반하는 모든 사람이 죄를 짓게 될 터인데, 이 세상의 그 어느 누구도 그 율법을 완전하게 지킬 수 없으므로 율법에 의하여 모든 사람이 죄인이 될 수밖에 없게 된 것입니다.

모든 사람이 죄를 범하였으매, 하나님의 영광이 이르지 못하더니 (롬3:23)

전에 율법을 깨닫지 못했을 때에는 내가 살았더니 계명

이 이르매 죄는 살아나고 나는 죽었도다. (롬7:9)

모세의 율법에 대하여 성경은 '율법으로 말미암는 의를 행하는 사람은 그 의로 살리라'고 하였습니다.

너희는 내 법도를 따르며 내 규례를 지켜 그대로 행하라 나는 너희의 하나님 여호와이니라. 너희는 내 규례와 법도를 지키라 사람이 이를 행하면 그로 말미암아 살리라 나는 여호와이니라. (레18:4-5)

모세가 기록하되 율법으로 말이암는 의를 행하는 사람은 그 의로 살리라 하였거니와 (롬10:5)

이렇게 율법에 따라 의를 행하는 사람은 살 수 있지

만, 이 율법을 완전하게 지킬 수 있는 사람은 아미 이 세상에 아무도 없을 것입니다. 즉 율법을 지키는 행위로는 그분 앞에 의롭다함을 얻을 어떤 육체도 없게 된 것이지요.

율법 없는 이방인이 본성으로 율법의 일을 행할 때에는 이 사람은 율법이 없어도 자기가 자기에게 율법이 되나니 이런 이들은 그 양심이 증거가 되어 그 생각들이 서로 혹은 고발하며 혹은 변명하며 그 마음에 새긴 율법의 행위를 나타내느니라. (롬2:14-15)

기록된 바 의인은 없나니 하나도 없으며, 깨닫는 자도 없고 하나님을 찾는 자도 없고, 다 치우쳐 함께 무익하게 되고 선을 행하는 자는 없나니 하나도 없도다. (롬3:10-12)

율법은 진노를 이루게 하나니, 율법이 없는 곳에는 범법도 없느니라. (롬4:15)

죄는 자신의 욕망대로 사는 것

죄는 하나님을 섬기지 않고 자신의 욕망대로 사는 것으로 육체의 욕망을 따라 살아가는 삶을 말합니다.

하나님을 알되 하나님을 영화롭게도 아니하며 감사하지도 아니하고 오히려 그 생각이 허망하여지며 미련한 마음이 어두워졌나니 스스로 지혜 있다 하나 어리석게 되어 썩어지지 아니하는 하나님의 영광을 썩어질 사람과 새와 짐승과 기어다니는 동물 모양의 우상으로 바꾸었느니라. (롬1:21-23)

그 정죄는 이것이니 곧 빛이 세상에 왔으되 사람들이 자기 행위가 악하므로 빛보다 어둠을 더 사랑한 것이니라. (요3:19)

죄는 믿음으로 하지 아니하는 것

또한 죄는 믿음으로 따라 하지 아니하는 모든 것, 선을 행할 줄 알고도 행치 않는 것, 불법을 행하는 것, 모든 불의한 것 등, 이 모든 것을 일컫습니다.

의심하고 먹는 자는 정죄되었나니 이는 믿음을 따라 하지 아니하였기 때문이라 믿음을 따라 하지 아니하는 것은 다 죄니라. (롬14:23)

그러므로 사람이 선을 행할 줄 알고도 행하지 아니하면 죄니라. (약4:17)

죄를 짓는 자마다 불법을 행하나니 죄는 불법이라. (요일3:4)

모든 불의가 죄로되 사망에 이르지 아니하는 죄도 있도다. (요일5:17)

죄 가운데 버려두심

하나님께서는 죄 가운데서 육체의 욕망을 따라 사는 사람들이 더러움에 있도록 그대로 내버려두셨습니다.

하나님께서 그들을 그 마음의 정욕대로 더러움에 살
도록 그대로 내버려두심으로 그들이 몸을 서로 욕되게
사용하도록 내버려두신 것이지요.

그러므로 하나님께서 그들을 마음의 정욕대로 더러움
에 내버려 두사 그들의 몸을 서로 욕되게 하셨으니, 이는
그들이 하나님의 진리를 거짓 것으로 바꾸어 피조물을
조물주보다 더 경배하고 섬김이라 주는 곧 영원히 찬송
할 이시로다 아멘. (롬1:24-25)

하나님께서 그들을 부끄러운 욕심에 내어버려 두심으
로 그들은 순리가 아닌 역리로 쓰며 더러운 죄의 모습에
빠질 수밖에 없게 하셨습니다.

하나님께서 마음에 하나님 두기를 싫어하는 사람들을 그 상실한 마음대로 내버려두셨기 때문에 바르지 못한 일을 하도록 내버려두신 것입니다.

이 때문에 하나님께서 그들을 부끄러운 욕심에 내버려 두셨으니 곧 그들의 여자들도 순리대로 쓸 것을 바꾸어 역리로 쓰며, 그와 같이 남자들도 순리대로 여자 쓰기를 버리고 서로 향하여 음욕이 불 일듯 하매 남자가 남자와 더불어 부끄러운 일을 행하여 그들의 그릇됨에 상당한 보응을 그들 자신이 받았느니라. (롬1:26-27)

또한 그들이 마음에 하나님 두기를 싫어하매 하나님께서 그들을 그 상실한 마음대로 내버려 두사 합당하지 못한 일을 하게 하셨으니, 곧 모든 불의, 추악, 탐욕, 악의가 가득한 자요, 시기, 살인, 분쟁, 사기, 악독이 가득한 자요, 수군수군하는 자요, 비방하는 자요, 하나님께서 미워하시는 자요, 능욕하는 자요, 교만한 자요, 자랑하는 자요, 악을 도모하는 자요, 부모를 거역하는 자요, 우매한 자요, 배약하는 자요, 무정한 자요, 무자비한 자라, 그들이 이 같은 일을 행하는 자는 사형에 해당한다고 하나님께서 정하심을 알고도 지기들만 행할 뿐 아니라 또한 그런 일을 행하는 자를 옳다 하느니라. (롬1:28-32)

죄 때문에 모든 사람이 죽음에 이름

결국 아담이 지은 죄 때문에 모든 사람이 죄의 유전을 겪게 되었으며, 모든 사람이 영원한 죽음, 곧 사망에 이를 수밖에 없게 되었습니다.

죄는 욕심으로부터 잉태되었고, 결국 이 죄 때문에 인간은 죽음을 면하지 못하게 된 것입니다.

사망이 쏘는 것은 죄요 죄의 권능은 율법이라. (고전 15:56)

욕심이 잉태한즉 죄를 낳고 죄가 장성한즉 사망을 낳느니라. (약1:15)

우리가 육신에 있을 때에는 율법으로 말미암는 죄의 정욕이 우리 지체 중에 역사하여 우리로 사망을 위하여 열매를 맺게 하였더니 (롬7:5)

4. 죄악의 심판과 형벌

죄는 불행하게도 우리에게 심판을 가져옵니다.

우리의 몸속에 흐르는 죄와 우리가 지은 죄 때문에 심판을 받을 수밖에 없고, 이 심판은 바로 사망으로 이어집니다. 이 사망은 영원히 꺼지지 않는 불속에 들어가는 형벌을 피할 수 없게 합니다. 죄의 결과는 무서운 것입니다. 불타는 지옥이 기다리고 있기 때문입니다.

만일 네 손이 너를 범죄하게 하거든 찍어버리라

장애인으로 영생에 들어가는 것이

두 손을 가지고 지옥 곧 꺼지지 않는 불에 들어가는

것보다 나으니라. 만일 네 발이 너를 범죄하게 하거든

찍어버리라. 다리 저는 자로 영생에 들어가는 것이

두 발을 가지고 지옥에 던져지는 것보다 나으니라.

만일 네 눈이 너를 범죄하게 하거든 빼버리라.

한 눈으로 하나님의 나라에 들어가는 것이

두 눈을 가지고 지옥에 던져지는 것보다 나으니라.

거기에서는 구더기도 죽지 않고 불도 꺼지지 아니하느니라.

사람마다 불로써 소금 치듯 함을 받으리라.

(막9:43-49)

인간의 죽음 이후

죄로 인하여 죽게 된 인간에게는 사망과 동시에 심판과 형벌이 따르게 됩니다.

인간의 죄의 삯은 사망으로 아무도 피할 수 없는 심판을 초래하게 된 것이지요.

사람은 누구나 죄 때문에 반드시 죽게 되어 있으며, 육신이 죽은 후에는 심판을 받게 됩니다.

한번 죽는 것은 사람에게 정해진 것이요, 그 후에는 심판이 있으리니 (히9:27)

성경은 '죄의 삯은 사망이라'고 우리에게 전해주고 있
습니다.

죄의 삯은 사망이요 (롬6:23)

그러므로 한 사람으로 말미암아 죄가 세상에 들어오고,
죄로 말미암아 사망이 들어왔나니, 이와 같이 모든 사람
이 죄를 지었으므로 사망이 모든 사람에게 이르렀느니
라. (롬5:12)

오직 각 사람이 시험을 받는 것은 자기 욕심에 끌려 미
혹됨이니 욕심이 잉태한즉 죄를 낳고 죄가 장성한즉 사
망을 낳느니라. (약1:14-15)

또한 성경은 '그날은 어두움이요 빛이 아니라.'고 했습니다.

화있을진저 여호와의 날을 사모하는 자여, 너희가 어찌하여 여호와의 날을 사모하느냐. 그날은 어둠이요, 빛이 아니라 (암5:18)

죄의 심판은 형벌이 따름

죄의 심판에는 반드시 형벌이 따르기 마련입니다. 성경은 하나님의 심판이 아주 엄중하다는 사실을 기록하고 있습니다. 하나님께 범죄한 사람들은 모두 불과 유황으로 타는 둘째 사망에 들어가게 됩니다.

그러나 두려워하는 자들과 믿지 아니하는 자들과 흉악
한 자들과 살인자들과 음행하는 자들과 점술가들과 우상
숭배자들과 거짓말하는 모든 자들은 불과 유황으로 타는
못에 던져지리니 이것이 둘째 사망이라. (계21:8)

둘째 사망은 악인들을 분리하여 풀무 불에 던져 넣는
것을 말합니다. 이 불은 영원히 꺼지지 않는 불로 바로
지옥의 모습인 것입니다. 죄인들은 이 지옥에 들어갈 수
밖에 없습니다.

인자가 그 천사들을 보내리니 그들이 그 나라에서 모든
넘어지게 하는 것과 또 불법을 행하는 자들을 거두어 내
어 풀무 불에 던져 넣으리니 거기서 울며 이를 갈게 되리
라. (마13:41-42)

　세상 끝에도 이러하리라 천사들이 와서 의인 중에서 악인을 갈라내어 풀무 불에 던져 넣으리니 거기서 울며 이를 갈리라. (마13:49-50)

　그곳은 구더기도 죽지 않고 불도 꺼지지 않을 뿐만 아니라, 사람마다 불로써 소금 치듯 함을 받게 된다고 주님께서 분명히 말씀하셨습니다.

　거기에서는 구더기도 죽지 않고 불도 꺼지지 아니하느니라. 사람마다 불로써 소금 치듯 함을 받으리라. (막9:48-49)

주께 피하는 자들을 그 일어나 치는 자들에게서
오른손으로 구원하시는 주여
주의 기이한 일을 나타내소서.

(시17:7)

5. 예수 그리스도의 오심과 성령님의 도우심

우리는 예수 그리스도에 대한 이야기를 누군가에게서 들었고, 또 그분을 만났던 이야기를 듣습니다. 예수 그리스도! 그분은 어떤 분일까요? 그분은 이 세상에 왜 오셨을까요? 그리고 그분이 하신 일은 어떤 일들이었을까요? 우리가 믿는 예수님이 우리의 구세주시라면, 그분은 우리에게 어떤 의미가 있을까요?

예수께서 이르시되 내가 곧 길이요 진리요 생명이니
나로 말미암지 않고는 아버지께로 올 자가 없느니라.

(요14:6)

하나님은 한 분이시요 또 하나님과 사람 사이에
중보자도 한 분이시니 곧 사람이신 그리스도 예수라.

(딤전2:5)

내가 아버지께 구하겠으니 그가 또 다른 보혜사를
너희에게 주사 영원토록 너희와 함께 있게 하리니,
그는 진리의 영이라 세상은 능히 그를 받지 못하나니
이는 그를 보지도 못하고 알지도 못함이라.
그러나 너희는 그를 아나니 그는 너희 와 함께 거하심이요
또 너희 속에 계시겠음이라.

(요14:16-17)

속죄제물이 되신 예수님

예수님은 우리의 구주(Savior), 우리의 영원한 소망이 되십니다. 죄를 지은 사람은 누구든지 자기 자신의 힘으로 구원을 받지 못합니다. 그래서 우리의 죄를 해결해 주시기 위하여 예수 그리스도께서 이 세상에 인간의 몸을 입고 오셨습니다.

죄를 지은 사람은 누구나 자신의 공로와 행위, 즉 수양이나, 지식, 선행과 같은 일들로는 결코 구원을 받을 수 없습니다. 오직 하나님의 은혜로만 구원을 받을 수 있는 것입니다.

죄의 삯은 사망이요 하나님의 은사는 그리스도 예수 우리 주안에 있는 영생이니라. (롬6:23)

너희는 그 은혜에 의하여 믿음으로 말미암아 구원을 받
았으니이것은 너희에게서 난 것이 아니요 하나님의 선물
이라. (엡2:8)

예수님께서는 동정녀의 몸에서 태어나셔서 우리의 죄
를 위하여 친히 십자가 위에서 몸 버려 피 흘리셨습니
다. 우리가 짊어져야 할 질고를 대신 짊어지셨으며, 우
리의 죄악을 친히 담당하시고, 십자가 위에서 고난을 당
하셨습니다. 가시관을 쓰시고, 십자가에 못 박혀 죽으심
으로 어린 양의 희생제물이 되어 돌아가신 것입니다. 그
리고 십자가에서 운명하신지 삼 일만에 다시 부활하심
으로 우리에게 영생을 보이시며, 부활하신 후에는 하나
님의 우편에 앉으셨습니다.

우리 그리스도인들은 예수님의 이러한 대속의 죽으심을 믿습니다. 그분은 하나님의 외 아드님이셨으며, 우리를 위하여 목숨까지 내어 놓으셨습니다. 우리가 짊어져야 할 고통을 대신 당하셨고, 우리 죄악을 대신하여 친히 하나님께 속죄제와 화목제물이 되셨습니다. 그분은 우리의 고난과 질고를 아시고 우리를 대신하여 고난을 당하신 분이셨습니다.

믿음이라는 선물을 허락하심

하나님께서는 우리가 스스로 자랑을 하지 못하도록 예수 그리스도를 믿음으로만 구원을 얻도록하셨습니다. 우리에게 '믿음'이라는 선물을 우리에게 허락하신 것입니다. 우리가 구원을 얻는 것은 하나님의 독생자(외 아드님)이신 예수 그리스도의 우리를 위한 대속의 죽으심을 믿는 믿음으로써만 가능한 것입니다.

　예수 그리스도께서 우리를 죄에서 구해 내시기 위하여 십자가에서 우리를 대신하여 죽으셨다는 사실을 믿는 이 믿음만이 우리를 죄에서 건져낼 수 있습니다. 그분의 대속의 은혜를 믿음으로 받아들임으로 우리가 구원을 얻게 되고, 영생의 길에 들어갈 수 있게 되는 것입니다.

　따라서 우리는 예수 그리스도께서 나를 위하여 십자가 위에서 피를 흘리시고, 나의 죄를 위하여 속죄피를 흘리시며 대신 죽으셨다는 사실을 분명하게 믿어야 합니다.

이것이 기독교의 근본적인 교리이며 교훈입니다.

너희는 그 은혜에 의하여 믿음으로 말미암아 구원을 받았으니 이것은 너희에게서 난 것이 아니요 하나님의 선물이라. 행위에서 난 것이 아니니 이는 누구든지 자랑하지 못하게 함이라. (엡2:8-9)

또 어려서부터 성경을 알았나니 성경은 능히 너로 하여금 그리스도 예수 안에 있는 믿음으로 말미암아 구원에 이르는 지혜가 있게 하느니라. (딤후3:15)

예수를 너희가 보지 못하였으나 사랑하는도다. 이제도 보지 못하나 믿고 말할 수 없는 영광스러운 즐거움으로 기뻐하니 믿음의 결국 곧 영혼의 구원을 받음이라. (벧전 1:8-9)

구원의 길이신 예수 그리스도

하나님께서 하나님의 외아들, 독생자 예수 그리스도
를 이 땅에 보내신 것은 그분께서 인생을 극진히 사랑하
셨기 때문입니다.

하나님이 세상을 이처럼 사랑하사 독생자를 주셨으니
이는 그를 믿는 자마다 멸망하지 않고 영생을 얻게 하려
하심이라 (요3:16)

하나님이 약속하신대로 이 사람의 후손에서 이스라엘
을 위하여 구주를 세우셨으니 곧 예수라. (행13:23)

이와 같이 그리스도도 많은 사람의 죄를 담당하시려고

단번에 드리신 바 되셨고 구원에 이르게 하기 위하여 죄
와 상관 없이 자기를 바라는 자들에게 두 번째 나타나시
리라. (히9:28)

하나님께서 예수 그리스도를 보내심으로 이 세상에
구원과 영생의 길을 열어놓으셨습니다.

하나님께서 그분의 외아들을 세상에 보내신 것은 이
세상을 심판하려 하심이 아니라, 오직 이 세상을 구원하
시기 위함이셨습니다.

우리를 죄에서 구해 내실 분은 바로 예수 그리스도 한
분뿐이십니다.

아들을 낳으리니 이름을 예수라 하라. 이는 그가 자기 백성을 그들의 죄에서 구원할 자이심이라 하니라. (마1:21)

하나님이 그 아들을 세상에 보내신 것은 세상을 심판하려 하심이 아니요 그로 말미암아 세상이 구원을 받게 하려 하심이라. (요3:17)

미쁘다 모든 사람이 받을 만한 이 말이여 그리스도 예수께서 죄인을 구원하시려고 세상에 임하셨다 하였도다. (딤전1:15)

예수님은 우리에게 진리와 생명의 구주(Savior)이십니다. 천국 가는 길, 영생의 길은 오직 그분 한 분뿐임을 우리는 알아야 합니다.

주님께서는 이 땅에 계시던 공생애 기간 동안 이 사실을 분명하게 제자들에게 교훈으로 말씀하셨습니다.

내가 문이니 누구든지 나로 말미암아 들어가면 구원을 받고 또는 들어가며 나오며 꼴을 얻으리라. (요10:9)

예수님께서 이르시되 내가 곧 길이요 진리요 생명이니 나로 말미암지 않고는 아버지께로 올 자가 없느니라. (요14:6)

다른 이로써는 구원을 받을 수 없나니 천하 사람 중에 구원을 받을 만한 다른 이름을 우리에게 주신 일이 없음이라 하였더라. (행4:12)

속죄의 길

속죄의 방법은 우리의 죄악을 회개하고 예수님을 온
전히 우리의 구주로 모셔 들이는 것입니다.

영생의 길이시며, 구원의 길이 되신 예수 그리스도를
우리의 주님으로 모셔 들이기 위해서는 우리가 지은 죄
를 분명히 회개해야만 합니다.

이 회개와 함께 예수님이 우리의 구속주(Redeemer)이
심을 믿고 고백함으로써 구원을 얻을 수 있게 되는 것입
니다.

즉, 우리가 구원을 얻으려면 회개하고, 예수 그리스

도, 그분이 우리를 구속하신 주님이시란 사실을 믿고 고백해야만 하는 것입니다.

너희가 회개하여 각각 예수 그리스도의 이름으로 세례를 받고 죄 사함을 받으라 그리하면 성령의 선물을 받으리니 (행2:38)

다른 이로써는 구원을 받을 수 없나니 천하 사람 중에 구원을 받을 만한 다른 이름을 우리에게 주신 일이 없음이라 하였더라. (행4:12)

주 예수를 믿으라. 그리하면 너와 네 집이 구원을 받으리라. (행16:31)

네가 만일 네 입으로 예수를 주로 시인하며, 또 하나님
께서 그를 죽은 자 가운데서 살리신 것을 네 마음에 믿으
면 구원을 받으리라. 사람이 마음으로 믿어 의에 이르고,
입으로 시인하여 구원에 이르느니라. (롬10:9-10)

누구든지 주의 이름을 부르는 자는 구원을 받으리라.
(롬10:13)

우리가 주님께 나아가는 길은 과거의 잘못을 뉘우치
고 회개하는 것입니다.

우리가 하나님 앞에 나아가 과거의 잘못을 온전히 자
백하고 회개하면, 하나님께서 우리의 죄를 사하여 주실
것이며, 모든 불의에서 우리를 깨끗하게 하실 것입니다.

그러므로 너희가 회개하고 돌이켜 너희 죄 없이 함을 받으라 이같이 하면 새롭게 되는 날이 주 앞으로부터 이를 것이요 또 주께서 너희를 위하여 예정하신 그리스도 곧 예수를 보내시리니 하나님이 영원 전부터 거룩한 선지자들의 입을 통하여 말씀하신 바 만물을 회복하실 때까지는 하늘이 마땅히 그를 받아 두리라 (행3:19-21)

만일 우리가 우리 죄를 자백하면 그는 미쁘시고 의로우사 우리 죄를 사하시며 우리를 모든 불의에서 깨끗하게 하실 것이요 (요일1:9)

우리는 예수님께로 나아가 그분의 말씀을 지키며 순종하여야 합니다.

우리가 예수님께 나아가면 우리를 눈과 같이 깨끗하게 하실 것이며, 우리가 그분의 말씀을 지키고 믿으면 우리를 구원하여 주실 것입니다.

우리를 죄에서 구원하실 분은 오직 예수 그리스도 한 분뿐이십니다.

여호와께서 말씀하시되 오라 우리가 서로 변론하자 너희의 죄가 주홍 같을지라도 눈과 같이 희어질 것이요, 진홍 같이 붉을지라도 양털같이 희게 되리라. (사1:18)

너희가 만일 내가 전한 그 말을 굳게 지키고 헛되이 믿지 아니하였으면, 그로 말미암아 구원을 얻으리라. (고전15:2)

중보자 되신 예수 그리스도

예수님께서 하나님과 우리 인간 사이에 중보자가 되셨습니다.

예수님께서 하나님과 사람 사이의 중보자로서 우리의 죄를 대신하여 십자가에서 고난을 받으셨습니다.

우리의 죄를 대속하기 위한 죽임을 당하신 후, 십자가 위에서 돌아가신 지 사흘 만에 다시 부활하심으로 우리에게 영생이 있음을 확실히 증거하여 주셨습니다.

내가 받은 것을 먼저 너희에게 전하였노니 이는 성경대로 그리스도께서 우리 죄를 위하여 죽으시고 장사 지낸

바 되셨다가 성경대로 사흘 만에 다시 살아나사 게바(베드로)에게 보이시고, 후에 열두 제자에게와 그 후에 오백여 형제에게 일시에 보이셨나니 그 중에 지금까지 대다수는 살아 있고 어떤 사람은 잠들었으며 (고전15:3-6)

하나님은 한 분이시요, 또 하나님과 사람사이에 중보자도 한 분이시니, 곧 사람이신 그리스도 예수라. (딤전2:5)

그리스도께서도 단번에 죄를 위하여 죽으사 의인으로서 불의한 자를 대신하셨으니 이는 우리를 하나님 앞으로 인도하려 하심이라 육체로는 죽임을 당하시고 영으로는 살리심을 받으셨으니 (벧전3:18)

예수님께서 십자가에서 피 흘리심은 우리의 죄를 대

신 짊어지시고 우리의 죄를 대속하기 위함이었습니다.

예수님께서 어린 양, 속죄의 제물로 그분의 몸을 친히 드리심으로 우리가 나음을 입게 되었습니다.

그가 찔림은 우리의 허물 때문이요, 그가 상함은 우리의 죄악 때문이라. 그가 징계를 받음으로 우리는 평화를 누리고, 그가 채찍에 맞음으로 우리는 나음을 받았도다. (사53:5)

친히 나무에 달려 그 몸으로 우리 죄를 담당하셨으니 이는 우리로 죄에 대하여 죽고 의에 대하여 살게 하려 하심이라. 그가 채찍에 맞음으로 너희는 나음을 얻었나니 너희가 전에는 양과 같이 길을 잃었더니 이제는 너희 영혼의

목자와 감독되신 이에게 돌아왔느니라. (벧전2:24-25)

예수 그리스도를 믿고, 독생자 예수 그리스도를 보내신 하나님을 믿는다면, 영생을 얻게 되고, 심판에서 벗어나 사망에서 생명으로 옮겨지게 될 것입니다.

주는 그리스도시요 살아계신 하나님의 아들이시니이다. (마16:16)

영접하는 자 곧 그 이름을 믿는 자들에게는 하나님의 자녀가 되는 권세를 주셨으니 (요1:12)

말씀이 육신이 되어 우리 가운데 거하시매 우리가 그의 영광을 보니 아버지의 독생자의 영광이요 은혜와 진리가

충만하더라. (요1:14)

　내가 진실로 진실로 너희에게 이르노니 내 말을 듣고 또 나 보내신 이를 믿는 자는 영생을 얻었고, 심판에 이르지 아니하나니, 사망에서 생명으로 옮겼느니라. 진실로 진실로 너희에게 이르노니 죽은 자들이 하나님의 아들의 음성을 들을 때가 오나니 곧 이때라. 듣는 자는 살아나리라. (요5:24-25)

성령님의 도우심

　예수님을 믿는 사람들에게는 예수님뿐만 아니라, 예수님의 이름으로 오시는 성령님께서 함께 하십니다.
　예수님께서 우리와 함께 계시고, 우리에게 보혜사

(Counselor) 성령님을 보내셔서, 바로 지금 우리를 도와
주시고 계시는 것입니다.

　볼지어다. 내가 세상 끝날까지 너희와 항상 함께 있으
리라. (마28:20)

　진리의 성령이 오시면 그가 너희를 모든 진리 가운데로
인도하시리니, 그가 스스로 말하지 않고, 오직 들은 것을
말하며, 장래 일을 너희에게 알리시리라. (요16:13)

　이 말씀을 하시고 그들을 향하사 숨을 내쉬며 이르시되
성령을 받으라 너희가 누구의 죄든지 사하면 사하여질
것이요, 누구의 죄든지 그대로 두면 그대로 있으리라 하
시니라. (요20:22-23)

그러므로 형제들아 우리가 빚진 자로되 육신에 져서 육신대로 살 것이 아니니라. 너희가 육신대로 살면 반드시 죽을 것이로되, 영으로써 몸의 행실을 죽이면 살리니 무릇 하나님의 영으로 인도함을 받는 사람은 곧 하나님의 아들이라. 너희는 다시 무서워하는 종의 영을 받지 아니하고, 양자의 영을 받았으므로 우리가 아빠, 아버지라고 부르짖느니라. 성령이 친히 우리 영과 더불어 우리가 하나님의 자녀인 것을 증언하시나니, 자녀이면 또한 상속자 곧 하나님의 상속자요, 그리스도와 함께 한 상속자니 우리가 그와 함께 영광을 받기 위하여 고난도 함께 받아야 할 것이니라. (롬8:12-17)

보혜사 성령님의 감동이 없이는 아무도 예수 그리스도를 내 생명의 구주로 시인할 수 없습니다.

그러므로 내가 너희에게 알리노니 하나님의 영으로 말하는 자는 누구든지 예수를 저주할 자라 하지 아니하고 또 성령으로 아니하고는 누구든지 예수를 주시라 할 수 없느니라. (고전12:3)

따라서 우리는 예수님의 이름으로 세례를 받고 죄 사함을 받아야만 합니다.

우리가 예수 그리스도의 이름으로 세례를 받고 죄 사함을 받게 되면, 예수님의 이름으로 오시는 성령님께서 오셔서 우리와 함께 하십니다.

성령님께서는 우리에게 오셔서 우리 안에 거하시며, 우리에게 예수님에 대하여 증거하여 주실 것입니다.

내가 아버지께로서 너희에게 보낼 보혜사 곧 아버지께로부터 나오시는 진리의 성령이 오실 때에 그가 나를 증언하실 것이요 너희도 처음부터 나와 함께 있었으므로 증언하느니라. (요15:26-27)

너희가 회개하여 각각 예수 그리스도의 이름으로 세례를 받고 죄 사함을 받으라 그리하면 성령을 선물로 받으리니, 이 약속은 너희와 너희 자녀와 모든 먼 데 사람 곧 주 우리 하나님이 얼마든지 부르시는 자들에게 하신 것이라. (행2:38-39)

너희가 만일 성령의 인도하시는 바가 되면 율법 아래에 있지 아니하리라. (갈5:18)

이와 같이 하나님께서는 우리가 연약하다는 사실을 다 아시고 보혜사(Counselor, 우리를 도우시는 분) 성령님을 보내셔서 우리를 도와주시고 계십니다.

내가 아버지께 구하겠으니 그가 또 다른 보혜사를 너희에게 주사 영원토록 너희와 함께 있게 하리니, 그는 진리의 영이라 세상은 능히 그를 받지 못하나니 이는 그를 보지도 못하고 알지도 못함이라. 그러나 너희는 그를 아나니 그는 너희와 함께 거하심이요 또 너희 속에 계시겠음이라. (요 14:16-17)

보혜사 성령님의 감동이 없이는 예수 그리스도를 나의 생명의 구주(Savior)로 시인할 수 없습니다.

그러므로 내가 너희에게 알리노니 하나님의 영으로 말하는 자는 누구든지 예수를 저주할 자라 하지 아니하고 또 성령으로 아니하고는 누구든지 예수를 주시라 할 수 없느니라. (고전12:3)

지금 이 시간 성령님께서 역사하시고 계실 때, 마음의 문을 열고 예수 그리스도를 '나를 구원하신 주님, 나의 하나님'으로 모셔 들이시기 바랍니다.

성령님께서 우리가 예수님과 함께 살아갈 수 있도록 우리와 함께 하시고, 우리의 갈 길을 인도해 주실 것입니다.

이와 같이 성령도 우리의 연약함을 도우시나니 우리는 마땅히 기도할 바를 알지 못하나 오직 성령이 말할 수

없는 탄식으로 우리를 위하여 친히 간구하시느니라. (롬 8:26)

그러므로 내가 너희에게 알리노니 하나님의 영으로 말하는 자는 누구든지 예수를 저주할 자라 하지 아니하고 또 성령으로 아니하고는 누구든지 예수를 주시라 할 수 없느니라. (고전12:3)

볼지어다 내가 문 밖에 서서 두드리노니 누구든지 내 음성을 듣고 문을 열면 내가 그에게로 들어가 그와 더불어 먹고 그는 나와 더불어 먹으리라 (계3:20)

6. 죄 사함과 영생의 축복

우리의 죄를 사함 받을 수 있는 비결이 있다면 이 보다 더 큰 기쁨과 축복이 있을 수 있을까요?

우리는 죄인일 수밖에 없고, 우리를 구속해주시기 위하여 예수 그리스도께서 이 땅에 오셨음을 이미 확인하였습니다. 예수 그리스도를 믿음으로 얻게 되는 축복이 죄 사함과 영생이라면, 이렇게 쉬운 길을 마다할 수 있을까요. 죄를 사함 받는 비결을 알아봅니다.

이것은 죄 사함을 얻게 하려고
많은 사람을 위하여 흘리는 바
나의 피 곧 언약의 피니라.

(마26:28)

하나님이 세상을 이처럼 사랑하사
독생자를 주셨으니
이는 그를 믿는 자마다 멸망하지 않고
영생을 얻게 하려 하심이라.

(요3:16)

죄 사함의 복

예수님을 믿으면 죄 사함의 복을 얻게 됩니다. 이보다 더 크고 복된 소식이 있겠습니까?

그래서 우리는 예수 그리스도를 복음(Gospel)이라고 이야기합니다.

우리는 바로 지금 이 순간 예수 그리스도를 믿음으로 구속, 곧 죄 사함을 얻게 됩니다.

우리에게 이보다 더 좋은 소식이 있을 수 있겠습니까?

그 아들 안에서 우리가 속량 곧 죄 사함을 얻었도다. (골1:14)

예수 그리스도를 믿는다는 것은 예수 그리스도를 주
님으로 영접한다는 것이요, 하나님께서 보내신 예수 그
리스도를 믿는다는 것은 예수 그리스도를 '나의 주, 나의
하나님'으로 받아들인다는 것을 의미합니다.

하나님을 영접하는 자, 곧 하나님의 독생자 예수 그리
스도의 이름을 믿는 자들에게는 하나님의 자녀가 되는
권세를 허락하십니다.

영접하는 자 곧 그 이름을 믿는 자들에게는 하나님의
자녀가 되는 권세를 주셨으니 이는 혈통으로나 육정으로
나 사람의 뜻으로 나지 아니하고 오직 하나님께로부터
난 자들이니라. (요1:12-13)

믿음의 선물

이러한 은총은 우리의 구원을 이루신 하나님께서 우리에게 믿음을 선물로 주시기 때문에 가능한 것입니다.

즉 이것은 우리 힘으로 된 것이 아니라 오직 하나님의 은혜로 된 것이며, 오직 하나님의 선물로 이루어진 것입니다.

너희는 그 은혜에 의하여 믿음으로 말미암아 구원을 받았으니 이것은 너희에게서 난 것이 아니요 하나님의 선물이라. 행위에서 난 것이 아니니 이는 누구든지 자랑하지 못하게 함이라. (엡2:8-9)

예수님을 믿으면 영원한 생명을 얻는 복을 누리게 됩니다.

예수 그리스도를 믿는 사람들은 영생을 보게 될 것입니다.

아들을 믿는 자에게는 영생이 있고, 아들에게 순종하지 아니하는 자는 영생을 보지 못하고 도리어 하나님의 진노가 그 위에 머물러 있느니라. (요3:36)

천국의 소망

또한 세상의 종말의 날에 예수 그리스도께서 심판의 주님이 되시어 산 자와 죽은 자를 심판하러 이 땅에 다시 오심을 보게 될 것입니다.

하나님의 말씀을 듣고 예수 그리스도를 구주로 영접한 자는 영생을 얻은 사람이 되어 심판에 이르지 않게 되고, 생명을 얻을 뿐만 아니라 영원한 천국에 들어가는 복을 누리게 되는 것입니다.

영원한 생명을 얻어 천국에 들어가는 것은 우리 그리스도인들의 소망입니다.

이 소망을 가짐은 예수 그리스도께서 우리에게 부활과 영생이 있음을 분명하게 말씀해 주셨기 때문입니다.

모든 것을 들여 천국을 얻는 기쁨은 그 어떤 것에도 비

교할 수 없을 것입니다.

내가 진실로 진실로 너희에게 이르노니 내말을 듣고 또 나 보내신 이를 믿는 자는 영생을 얻었고 심판에 이르지 아니하나니 사망에서 생명으로 옮겼느니라. (요5:24)

예수께서 가라사대 나는 부활이요 생명이니 나를 믿는 자는 죽어도 살겠고, 무릇 살아서 나를 믿는 자는 영원히 죽지 아니하리니 이것을 네가 믿느냐? (요11:25-26)

천국은 마치 밭에 감추인 보화와 같으니 사람이 이를 발견한 후 숨겨 두고 기뻐하며 돌아가서 자기의 소유를 다 팔아 그 밭을 사느니라. (마13:44)

믿음의 사람들은 주님께서 다시 오실 때에도 항상 주
님과 함께 있는 기쁨을 누리게 될 것입니다.

주께서 호령과 천사장의 소리와 하나님의 나팔 소리로
친히 하늘로부터 강림하시리니 그리스도 안에서 죽은 자
들이 먼저 일어나고, 그 후에 우리 살아남은 자들도 그들
과 함께 구름 속으로 끌어 올려 공중에서 주를 영접하게
하시리니 그리하여 우리가 항상 주와 함께 있으리라. (살
전4:16-17)

복된 삶

예수 그리스도를 믿은 이후 그리스도인들이 얻게 되
는 삶은 복된 삶입니다.

예수님께서 다시 오심을 기다리며, 우리가 죽은 이후
에도 천국에서 영원히 주님과 함께 있는 기쁨을 누리는
삶을 기대하며 사는 것입니다.

주님께서 친히 눈물을 닦아주시며 우리를 위로해 주
실 것이기 때문입니다.

그리스도인들은 이 사실을 믿음으로 기다리며 살아가
는 것입니다.

이는 보좌 가운데에 계신 어린 양이 그들의 목자가 되
사 생명수 샘으로 인도하시고 하나님께서 그들의 눈에서
모든 눈물을 씻어 주실 것임이라. (계7:17)

모든 눈물을 그 눈에서 닦아 주시니 다시는 사망이 없고 애통하는 것이나 곡하는 것이나 아픈 것이 다시 있지 아니하리니 처음 것들이 다 지나갔음이러라. (계21:4)

내가 산을 향하여 눈을 들리라.
나의 도움이 어디서 올까
(시121:1)

7. 예수님을 섬기는 삶으로의 변화

누군가 커다란 빚을 탕감해 주었다면, 빚을 탕감해 준 그분을 위해 우리는 무엇을 하게 될까요? 우리의 빚을 탕감해 주신 분이 바로 예수님이시라면, 그리고 우리를 죽음에서 건지시고 구원의 길을 열어 주신 분이 예수님이시라면, 우리는 어떻게 주님을 뵙게 될까요? 우리의 죄를 사해 주셨다는 사실 때문에 우리의 삶은 주님을 위한삶으로 변화하게 될 것입니다.

예수께서 이르시되

네 마음을 다하고 목숨을 다하고 뜻을 다하여

주 너의 하나님을 사랑하라 하셨으니,

이것이 크고 첫째 되는 계명이요,

둘째도 그와 같으니

네 이웃을 네 자신 같이 사랑하라 하셨으니,

이 두 계명이 온 율법과 선지자의 강령이니라.

(마22:37-40)

온유와 겸손의 삶

그렇다면 예수님을 믿은 우리는 어떻게 살아야 할까요?

예수님을 믿는 성도들은 예수님의 온유와 겸손을 배우며, 예수님께서 지신 십자가의 멍에를 메고 살아야 합니다. 그렇게만 하면 예수님 안에서 평안을 누리며 살게 될 것입니다.

예수님께서는 "수고하고 무거운 짐 진 자들아 다 내게로 오라. 내가 너희를 쉬게 하리라."하고 말씀하셨습니다.

수고하고 무거운 짐 진 자들아 다 내게로 오라 내가 너희를 쉬게 하리라. (마11:28)

115

또한 우리에게 예수님의 '온유'와 '겸손'으로 예수님을 따르라고 말씀하셨습니다.

우리가 예수님의 온유와 겸손의 십자가를 지고 주님을 따른다면, 우리의 마음은 이 세상의 무거운 죄의 짐의 속박으로부터 벗어나 평안하고도 복된 삶을 누리며 살게 될 것입니다.

주님 안에서 이제는 편안한 쉼을 얻게 될 것입니다.

나는 마음이 온유하고 겸손하니 나의 멍에를 메고 내게 배우라. 그리하면 너희 마음이 쉼을 얻으리니 이는 내 멍에는 쉽고 내 짐은 가벼움이라 하시니라. (마11:29-30)

항상 깨어 있어야

예수 그리스도를 믿는 우리는 항상 깨어 기도하며, 미래를 준비하며 경건함으로 이 세상을 살아가야 할 것입니다.

주님께서는 우리에게 언제 오실는지 우리 자신이 알 수 없기 때문에 항상 "깨어 있으라."하고 말씀하셨습니다.

그러므로 깨어 있으라 어느 날에 너희 주가 임할는지 너희가 알지 못함이니라. (마24:42)

주님께서 '도적 같이 생각지 않은 때'에 오신다고 하셨으므로, 우리는 항상 주님께서 다시 오실 때를 깨어 기

117

다리며, 어느 때나 미래를 준비하는 삶을 살아야겠습니다.

너희도 아는 바니 만일 집 주인이 도둑이 어느 시각에 올 줄을 알았더라면 깨어 있어 그 집을 뚫지 못하게 하였으리라. 이러므로 너희도 준비하고 있으라 생각하지 않은 때에 인자가 오리라. (마24:43-44)

천국에 대한 소망의 삶

그러므로 우리는 우리의 크신 하나님 예수 그리스도의 영광의 나타나심을 기다리며, 이 세상의 정욕을 버리고, 신중하고도 경건하며 의로운 생활로 살아가야 합니다.

복된 소망을 가진 삶의 모습은 이런 것입니다. 주님께서 우리 그리스도인들에게 바라는 삶의 모습이기도 합니다.

모든 사람에게 구원을 주시는 하나님의 은혜가 나타나 우리를 양육하시되 경건하지 않은 것과 이 세상 정욕을 다 버리고 신중함과 의로움과 경건함으로 이 세상에 살고 복스러운 소망과 우리의 크신 하나님 구주 예수 그리스도의 영광이 나타나심을 기다리게 하셨으니, 그가 우리를 대신하여 자신을 주심은 모든 불법에서 우리를 속량하시고 우리를 깨끗하게 하사 선한 일을 열심히 하는 자기 백성이 되게 하려 하심이라. (딛2:11-14)

우리는 또한 예수님 안에서 성령님의 열매를 맺는 생활을 하여야 합니다.

예수님께서는 주님을 믿는 우리가 성령님의 열매를 맺기를 원하시고 계시기 때문입니다.

성령님의 열매는 나 자신뿐만 아니라 우리의 교회와 우리의 이웃 사람들에게 덕을 끼치게 할 것입니다.

오직 성령의 열매는 사랑과 희락과 화평과 오래 참음과 자비와 양선과 충성과 온유와 절제니 이 같은 것을 금지할 법이 없느니라. (갈5:22-23)

그리스도인은 사랑을 공급하는 생활을 하여야 합니다. 사랑은 세상에서 썩어질 것을 피하여 하나님의 성품을 닮아가는 생활입니다.

이로써 그 보배롭고 지극히 큰 약속을 우리에게 주사
이 약속으로 말미암아 너희가 정욕 때문에 세상에서 썩
어질 것을 피하여 신성한 성품에 참여하는 자가 되게 하
려 하셨느니라. 그러므로 너희가 더욱 힘써 너희 믿음에
덕을, 덕에 지식을. 지식에 절제를, 절제에 인내를, 인내
에 경건을, 경건에 형제 우애를, 형제 우애에 사랑을 더
하라. (벧후1:4-7)

이 사랑은 참으로 위대한 것이며, 제일 좋은 길입니다.
바로 이러한 사랑이 예수 그리스도를 닮아가는 그리
스도인의 삶의 정신인 것입니다.

사랑은 오래 참고 사랑은 온유하며, 시기하지 아니하
며, 사랑은 자랑하지 아니하며, 교만하지 아니하며, 무례

히 행하지 아니하며, 자기의 유익을 구하지 아니하며, 성
내지 아니하며, 악한 것을 생각하지 아니하며, 불의를 기
뻐하지 아니하며, 진리와 함께 기뻐하고, 모든 것을 참으
며, 모든 것을 믿으며, 모든 것을 바라며, 모든 것을 견디
느니라. (고전13:4-7)

우리의 주님이신 예수 그리스도를 믿는 우리는 우리가
받은 복음을 분명하게 전하며 살아야 합니다. 예수님께
서는 "너희는 가서 모든 민족을 제자로 삼아 아버지와 아
들과 성령의 이름으로 세례를 베풀고 내가 너희에게 분
부한 모든 것을 가르쳐 지키게 하라."(마28:19-20)라고
말씀하셨습니다.

경건한 생활의 실천

하나님의 말씀을 준행하기 위해서는 매일 성경말씀을 읽으며, 기도하며, 인내하며, 주님께서 다시 오시는 그 날까지 그리스도의 본을 보이며, 덕을 쌓으며, 복음을 전하며, 의로움과 경건함으로, 굳건한 믿음을 쌓아가는 생활을 하여야 합니다. (롬15:30, 고전11:26 딤후3:15-17, 딛2:12-14, 히10:23,36)

또한 믿음은 들어야만 얻을 수 있는 것이기 때문에 주님께서 우리들에게 가르쳐주신 그분의 말씀을 전하며 살아야 합니다.

이것이 그리스도인의 삶의 모습입니다.

그러므로 믿음은 들음에서 나며 들음은 그리스도의 말씀으로 말미암았느니라. (롬10:17)

결론적으로 하나님을 경외하는 삶이 행복입니다.

하나님을 경외하는 것이 모든 지식의 근본이며, 주님을 의지하는 사람들이 복을 받게 되는 비결입니다.

예수님께서 이 세상에 인간의 몸을 입고 오시기 이전에도 하나님께서 구약성경을 통하여 끊임없이 우리에게 교훈하시던 말씀입니다.

여호와를 의지하는 것이 지식의 근본이거늘 미련한 자는 지혜와 훈계를 멸시하느니라. (잠1:7)

삼가 말씀에 주의하는 자는 좋은 것을 얻나니 여호와를 의지하는 자는 복이 있느니라. (잠16:20)

네 마음으로 죄인의 형통을 부러워하지 말고 항상 여호와를 경외하라. (잠23:17)

하나님을 경외함의 보상은 재물과 영광과 생명입니다.

공의와 인자를 따라 구하는 자는 생명과 공의와 영광을 얻느니라. (잠21:21)

겸손과 여호와를 경외함의 보상은 재물과 영광과 생명이니라. (잠22:4)

하나님을 사랑하는 사람들은 영원한 의와 존귀와 부
귀를 주님과 함께 영원히 누리게 될 것입니다.

나를 사랑하는 자들이 나의 사랑을 입으며, 나를 간절
히 찾는 자가 나를 만날 것이니라. 부귀가 내게 있고, 장
구한 재물과 공의도 그러하니라. 내 열매는 금이나 정금
보다 나으며, 내 소득은 순은 보다 나으니라. 나는 정의
로운 길로 행하며, 공의로운 길 가운데로 다니나니 이는
나를 사랑하는 자가 재물을 얻어서 그 곳간에 채우게 하
려 함이니라. (잠8:17-21)

8. 예배드리는 생활과 그리스도 안에서의 교제

교회는 예수님을 믿는 믿음의 사람들의 공동체를 일컫습니다. 성도들은 교회를 통하여 그리스도인들과 함께 교제를 나누며, 믿음을 굳건하게 세워가게 됩니다. 교회는 믿음의 덕을 세우고, 하나님께 예배를 드리며, 주님께 기도를 드리는 장소를 가리키는 말이기도 합니다. 믿음을 얻는 것도 이 교회 공동체를 통하여 얻어지는 것입니다. 그래서 성도들에게 교회의 생활이 중요하게 느껴지는 것입니다.

아버지께 참되게 예배하는 자들은

영과 진리로 예배할 때가 오나니

곧 이 때라

아버지께서는

자기에게 이렇게 예배하는 자들을 찾으시느니라.

하나님은 영이시니 예배하는 자가

영과 진리로 예배할지니라.

(요4:23-24)

교회는 예배의 공동체

예수 그리스도를 의지하는 성도들은 교회에 출석하며, 함께 모여 하나님께 예배를 드립니다.

교회는 예수님을 구주로 영접하고 시인한 사람들, 즉 성도들이 모여 하나님께 예배드리는 공동체를 의미하며, 공동체의 처소를 말하기도 합니다.

교회의 예배는 온전히 하나님께 드려지며, 예배의 순서는 기도와 찬송, 설교 그리고 헌금 등으로 지켜집니다. 이 예배의 예전은 초대 교회부터 지켜져 온 것입니다.

예수님의 몸 된 교회는 그분께서 함께 하시고, 감찰하

시며, 징계를 내리시기도 하십니다. 또한 우리의 신앙을
바라보고 경책하는 곳이기도 합니다.

교회는 믿음을 양육하며, 영원한 생명을 사는 삶으로
우리를 인도해 줄 것입니다. 또한 이 교회는 세상 끝날
까지 있게 될 것이며, 또한 인류 종말의 날을 지나 하늘
의 천국에서도 온전히 그대로 유지될 것입니다.

우리가 예수님을 믿은 이후, 교회 안에서의 삶은 기도
와 전도와 성도가 서로 교제하는 생활로 이루어집니다.

예수님을 믿는 믿음의 그리스도인들이라면, 우리는 믿음
을 위한 몇 가지 생활을 실천하며 살아가게 될 것입니다.

기도하는 생활

첫째, 늘 기도하는 생활을 하게 됩니다.

기도의 대상은 목회자와 교회와 가정, 그리고 모든 것들을 위하여 기도하는 것입니다.

기도하는 생활을 계속하는 것은 신앙생활을 유지하는데 큰 유익을 가져다줍니다.

이러므로 너희는 장차 올 이 모든 일을 능히 피하고 인자 앞에 서도록 항상 기도하며 깨어 있으라 하시니라. (눅21:36)

모든 기도와 간구를 하되 항상 성령 안에서 기도하고 이를 위하여 깨어 구하기를 항상 힘쓰며 여러 성도를 위하여 구하라. (엡6:18)

기도를 계속하고 기도에 감사함으로 깨어 있으라. (골4:2)

복음을 전하는 생활

둘째, 복음을 전하는 생활을 하게 됩니다.

복음은 내 이웃뿐만 아니라, 하나님을 알지 못하는 다른 민족까지도 구원을 얻게 하는 유익이 있습니다.

그러므로 너희는 가서 모든 민족을 제자로 삼아 아버지

와 아들과 성령의 이름으로 세례를 베풀고, 내가 너희에게 분부한 모든 것을 가르쳐 지키게 하라 볼지어다 내가 세상 끝날까지 너희와 항상 함께 있으리라 하시니라. (마 28:19-20)

너는 말씀을 전파하라 때를 얻든지 못 얻든지 항상 힘쓰라 범사에 오래 참음과 가르침으로 경책하며 경계하며 권하라. (딤후4:2)

성도와 교제하는 생활

셋째, 성도와 교제하는 생활을 하게 됩니다.

성도간의 교제는 그리스도 안에서 평안과 기쁨을 가져다 줄 것입니다.

믿음의 사람들이 성도들과 서로 교제를 나눌 때는 그리스도 안에서 올바른 믿음과 덕으로 이루어가야 합니다.

성도의 교제는 반드시 예수 그리스도 안에서 이루어져야 하는 것입니다.

그리스도인의 교제는 예수 그리스도 안에서 나눔입니다. 서로 권면하며, 격려하며, 서로 위하여 기도해 주는 것입니다.

올바른 믿음의 교제는 성도 여러분의 마음을 기쁘게 하며, 믿음의 덕을 깊이 세워 줄 것입니다.

　너희 중에 고난 당하는 자가 있느냐 그는 기도할 것이요 즐거워하는 자가 있느냐 그는 찬송할지니라. 너희 중에 병든 자가 있느냐 그는 교회의 장로들을 청할 것이요 그들은 주의 이름으로 기름을 바르며 그를 위하여 기도할지니라. 믿음의 기도는 병든 자를 구원하리니 주께서 그를 일으키시리라. 혹시 죄를 범하였을지라도 사하심을 받으리라. 그러므로 너희 죄를 서로 고백하며 병이 낫기를 위하여 서로 기도하라. 의인의 간구는 역사하는 힘이 큼이니라. (약5:13-16)

하나님이여 나의 구원의 하나님이여
피흘린 죄에서 나를 건지소서.
내 혀가 주의 의를 높이 노래하리이다.
(시51:14)

9. 예수 그리스도를 믿은 이후의 결과

예수를 그리스도를 믿은 이후의 궁극적인 삶의 변화와 그 결과는 무

엇일까요? 현재는 어떻게 살아야 하는 것일까요? 그리고 우리가 죽은

이후의 미래는 어떤 것일까요? 또한 우리가 준비하여야 하는 삶은 어

떠해야 할까요? 지금까지 소홀히 여겨왔던 삶의 지평들을 찾아본다면

아마 당신의 생은 즐거움과 결단의 연속이 될 것입니다.

믿음의 주요

또 온전하게 하시는 이인

예수를 바라보자

그는 그 앞에 있는 기쁨을 위하여

십자가를 참으사

부끄러움을 개의치 아니하시더니

하나님 보좌 우편에 앉으셨느니라.

(히12:2)

예수 그리스도 안에서 삶의 결과를 단 한마디로 요약해 말한다면 영원하고도 복된 삶이라고 할 수 있습니다.

우리는 예수 그리스도를 믿은 이후 이 세상에서의 삶의 복을 몇 가지로 나누어 설명하게 됩니다.

우리의 하는 일들이 복이 있음

첫째, 그리스도인으로서 바른 삶을 살아간다면, 이 땅 위에서 우리의 하는 일들이 복을 받게 됩니다.

하나님의 말씀을 순종하면 우리 자신과 우리의 자손들이 복을 받게 된다고 성경은 기록하고 있습니다.

네가 네 하나님 여호와의 말씀을 삼가 듣고 내가 오늘 네게 명령하는 그의 모든 명령을 지켜 행하면 네 하나님 여호와께서 너를 세계 모든 민족 위에 뛰어나게 하실 것이라. 네가 네 하나님 여호와의 말씀을 청종하면 이 모든 복이 네게 임하며 네게 이르리니 성읍에서도 복을 받고 들에서도 복을 받을 것이며, 네 몸의 자녀와 네 토지의 소산과 네 짐승의 새끼와 소와 양의 새끼가 복을 받을 것이며, 네 광주리와 떡 반죽 그릇이 복을 받을 것이며,네가 들어와도 복을 받고 나가도 복을 받을 것이니라. (신28:1-6)

그러나 그 보다 더 중요한 것은 우리 그리스도인이 궁극적으로 얻게 되는 복이 영생이라는 사실입니다.

둘째, 우리의 하는 모든 일들이 형통하게 됩니다.

진리 안에 살면 요한삼서 1장 2절의 '사랑하는 자여 네 영혼이 잘됨 같이 네가 범사에 잘되고 강건하기를 내가 간구하노라'라는 말씀과 같이, 우리의 영혼이 잘 되면, 우리의 모든 일이 잘 되고, 우리의 모든 일들이 잘 되면, 우리의 육체 또한 걱정 없이 강건해지도록 주님께서 인도하여 주신다는 것입니다.

이것은 성경이 우리에게 전체적으로 나타내고 있는 궁극적인 주님의 뜻이기도 합니다.

나를 사랑하는 자들이 나의 사랑을 입으며 나를 간절히 찾는 자가 나를 만날 것이니라. 부귀가 내게 있고 장구한 재물과 공의도 그러하니라. 내 열매는 금이나 정금보다 나으며 내 소득은 순은보다 나으니라. 나는 정의로운 길

로 행하며 공의로운 길 가운데로 다니나니 이는 나를 사
랑하는 자가 재물을 얻어서 그 곳간에 채우게 하려 함이
니라. (잠8:17-21)

셋째, 하나님의 말씀인 성경을 사랑하게 됩니다.

성경은 우리 인생에게 영생이 있음을 알려주고, 또한
영생이 예수님 안에 있음을 우리에게 교훈해주며, 예수
그리스도에 대한 소망을 갖게 해 주기 때문입니다.

무엇이든지 전에 기록된 바는 우리의 교훈을 위하여 기
록된 것이니 우리로 하여금 인내로 또는 성경의 위로로
소망을 가지게 함이니라. (롬15:4)

또 어려서부터 성경을 알았나니 성경은 능히 너로 하여
금 그리스도 예수 안에 있는 믿음으로 말미암아 구원에
이르는 지혜가 있게 하느니라. 모든 성경은 하나님의 감
동으로 된 것으로 교훈과 책망과 바르게 함과 의로 교육
하기에 유익하니 이는 하나님의 사람으로 온전하게 하며
모든 선한 일을 행할 능력을 갖추게 하려 함이라. (딤후
3:15-17)

부활과 영생을 기다림

그리스도인들이 누리는 복은 이 세상에서 믿음을 가
지고 사는 삶의 축복 이전에, 이 세상을 떠난 이후의 내
세적인 삶에 깊은 관심을 갖게 합니다. 그리스도인의 믿
음은 죽음 이후에 복된 영생의 삶을 누림으로 완성되어

지는 것이기 때문입니다.

이 세상에서 누리는 삶의 행복보다 이 세상에서의 수명이 다한 이후의 주님과 함께 하는 영생의 삶이 그리스도인에게는 더 큰 복인 것입니다.

예수 그리스도를 믿는 성도들은 이 세상에서의 생명을 다한 이후, 생명의 부활로 일어나 하늘에 있는 영원한 집에 들어가게 될 것입니다. 주님께서 새 하늘과 새 땅을 예비하셨기 때문입니다. 이 땅에 사는 동안 주님 안에서 행한 행위에 따리 상급을 받으며 영원한 안식을 누리게 될 것입니다.

주님께서 이 땅에 다시 오실 때까지 우리 믿음의 사람

들은 기도에 항상 힘쓰며, 감사함으로 깨어 있어야 할 것이며, 세상의 정욕에 얽매인 생활보다는 선한 행실로 빛 가운데로 행하는 삶을 살아야 할 것입니다.

예수께서 이르시되 네 마음을 다하고 목숨을 다하고 뜻을 다하여 주 너의 하나님을 사랑하라 하셨으니, 이것이 크고 첫째 되는 계명이요. 둘째도 그와 같으니 네 이웃을 네 자신 같이 사랑하라 하셨으니, 이 두 계명이 온 율법과 선지자의 강령이니라. (마22:37-40)

결론 - 소망스런 삶

결론적으로 성도들은 이 세상에 사는 동안 소망의 복된 삶을 살아야 하겠습니다.

복 있는 사람은 악인들의 꾀를 따르지 아니하며 죄인들
의 길에 서지 아니하며 오만한 자들의 자리에 앉지 아니
하고 오직 여호와의 율법을 즐거워하며 그의 율법을 주
야로 묵상하는 자로다. 그는 시냇가에 심은 나무가 철을
따라 열매를 맺으며 그 잎사귀가 마르지 아니함 같으니
그가 하는 모든 일이 다 형통하리로다. (시1:1-3)

이웃에게 우리가 받은 복음을 전하며, 우리의 크신 하
나님, 구주 예수 그리스도의 영광의 나타나심을 기다리
며, 복스러운 소망을 가지고 신중함과 경건함과 의로움
으로 살아야 하겠습니다.

모든 사람에게 구원을 주시는 하나님의 은혜가 나타나
우리를 양육하시되 경건하지 않은 것과 이 세상 정욕을

다 버리고 신중함과 의로움과 경건함으로 이 세상을 살고, 복스러운 소망과 우리의 크신 하나님 구주 예수 그리스도의 영광이 나타나심을 기다리게 하셨으니 (딛2:11-13)

우리 주 예수 그리스도께서 나타나실 때까지 흠도 없고 책망 받을 것도 없이 이 명령을 지키라. (딤전6:14)

주님 오시는 그 날까지 말입니다.

기약이 이르면 하나님이 그의 나타나심을 보이시리니 하나님은 복되시고 유일하신 주권자이시며 만왕의 왕이시며, 만주의 주시요. (딤전6:15)

"아멘, 주 예수여! 오시옵소서!" (계22:20)

볼지어다. 내가 문 밖에 서서 두드리노니
누구든지 내 음성을 듣고 문을 열면
내가 그에게로 들어가 그로 더불어 먹고
그는 나와 더불어 먹으리라. (계3:20)

〈 부 록 〉

간증문
하나님과의 만남과 응답의 과정

너희를 향한 나의 생각은 내가 아나니,

재앙이 아니라 평안이요,

너희 장래에 소망을 주려하는 생각이라.

너희는 내게 부르짖으며 와서 내게 기도하면

내가 너희를 들을 것이요,

너희가 전심으로 나를 찾고 찾으면 나를 만나리라.

(렘29:11-13, 개역한글)

부흥회가 끝난 며칠 후였습니다. 매일 저녁 잠자리에 들기만 하면 귀에서 이상한 소리가 들리는 이명(耳鳴)현상이 며칠간 계속되었습니다.

그러던 어느 날 정말 요즘의 영화에서 나오는 머리부터 발끝까지 '검은 우의를 입은 듯한 수도승 같은 어떤 존재'로부터 무릎을 꿇고 세례를 받는 장면의 꿈을 꾸었습니다.

무릎을 꿇고 세례를 받는 순간, 내 허리가 찢어질 듯이 아파서 나도 모르게 소리를 지르며 일어났고, 순간 온 식구들이 모두 놀라서 잠자리에서 깨어 일어났습니다.

이튿날 밤 꿈에는 '믿음', '소망', '사랑', '그 중에 제일은 사랑이라'는 각각의 글자가 쓰인 네 가닥의 띠를 보이지 않는 어떤 힘이 내 몸에서 가슴으로부터 세로로 뜯어내려고 안간힘을 쓰는 모습이 보였습니다. 그 글자가 쓰여진 띠들은 가슴에서부터 몸에서 일어났으나, 허리에서 뜯어지지 않아, 급기야 허리가 아파 일어나게 되었고, 내 온몸은 땀방울이 비 오듯 하였습니다.

주일 오후, 어느 여(女) 집사님께서 저희 집에 오셔서 저를 위하여 기도를 하여 주셨습니다. 그리고 기도를 해야 할 사람이 기도를 하지 않는다고 이야기 하셨습니다. 그분의 기도의 힘을 얻어 기도원 굴 속에서 온 몸이 땀에 젖도록 하나님께 매어 달려 기도하였습니다. 그 순간 아픈 허리가 시원하게 느껴지며 통증이 씻은 듯이 사라지는 것을 경험하였습니다.

그 날 이후로 일 년 동안 퇴근길 교회에 들러 매일 삼십분씩 작정을 하고 기도하였습니다. 지금까지 주일날만은 꼭 교회의 예배에 빠지지 않고 참여할 수 있었던 것도 바로 기도의 응답이었다는 사실을 깨닫습니다. 이것이 나에게는 일생의 가장 중요한 기도 제목이었기 때문입니다.

그후, 스물 한 살, 정말 성경 말씀이 송이 꿀같이 달았습니다.

새로운 직장을 따라 임시 하숙집을 옮긴지 보름도 채 되지 않았는데 하숙집 여주인이 얼마간의 돈이 없어졌다고 도둑으로 몰았습니다. 그 달치 하숙비도 선금으로 다 치뤘지만 나머지 돈도 돌려받지 못하고 하숙집을 나와 교회의 전도사님이 사시는 사택으로 옮겼습니다.

매일 새벽과 아침 식후, 그리고 점심시간과 저녁시간
한 달을 작정하여 오로지 주님만 생각하며 기도로 매어
달렸습니다. 정말 기도하지 않으면 헤어날 수 없다는 생
각뿐이었습니다. 교회가 떠나 갈 정도로 큰 소리로 기도
하던 기도생활이 열흘쯤 계속되던 어느 날 아침 성경말
씀이 제 온몸을 전율처럼 감싸는 것을 경험하였습니다.

"너희를 향한 나의 생각은 내가 아나니, 재앙이 아니
라 평안이요, 너희 장래에 소망을 주려하는 생각이라.
너희는 내게 부르짖으며 와서 내게 기도하면 내가 너희
를 들을 것이요, 너희가 전심으로 나를 찾고 찾으면 나
를 만나리라." (렘29:11-13)

그 많던 근심과 걱정이 사라지고, 정말 하나님만 계시다고 느껴지는 그 순간, 찬송가가 실제를 노래하고 있다는 사실을 깨달을 수 있었습니다.

'세상도 없고, 나도 없고, 사랑의 주만 보이도다.
이것이 나의 간증이요, 이것이 나의 찬송일세.'

집으로 돌아간 한 달 후 어느 날, 아버지께서 조용히 물으셨습니다.

"너, 무슨 일 없었니?", "아뇨. 별일 없었는데요."

아버지께서 염려할 것 같아 아무 일 없었다고 말씀드렸습니다. 그리고 며칠 후 신기하게도 그렇게 기다리던 직장으로의 전근이 이루어졌고, 새로운 직장에서 매우 큰 인정을 받았다는 사실이었습니다.

더 신기로운 일은 하나님께서 아버지의 꿈속에 나타나 "네가 천국 갔다온 것처럼, 네 아들도 천국 갔다 왔다."라고 말씀하셨다는 사실이었습니다. 아버지께서는 제가 신학대학을 졸업할 무렵에야 저에게 이렇게 말씀을 하셨습니다. 그때 제가 엄청나게 큰일을 당한 줄 아시고 매우 걱정을 하셨다고 하셨습니다.

그 후 세례를 받고, 일 년이 지난 철야기도회 때 온 몸을 감싸는 강력한 힘으로 이상한 언어로 말하기 시작하였습니다. 은사를 체험하기 시작한 것입니다.

　다시 이 년의 세월이 지나고, 더 큰 믿음의 사람들을 만나고 싶어 서울로 오고 싶어 했지만 길이 열리지 않을 때입니다.

　모두 다 즐겁게 하루를 보내는 크리스마스 날 오후, 홀로 한적한 시골의 기도원을 향하였습니다. 그리고 하나님의 응답하심을 기대하며 부르짖어 기도하였습니다. 두 시간마다 있는 막차를 타려고 내려가기 전 주님께 지금 응답하시지 않으시면, 가는 길에 만나는 사람을 통해서라도 응답하여 달라고 간구했습니다. 정말 주님께서는 그렇게 하셨습니다.

　정류장에서 버스를 기다릴 때, 저는 전혀 모르는 시내의 어느 큰 교회 여 집사님이 저를 알아보셨습니다. 전혀 모르는 분들인데 옆에 계신 분이 자꾸 대화를 권하였습니다. 만약 제가 잘 아는 교회 친구의 이모님이 아니었다면 대화조차 하지 않았을 것입니다.

　그분의 얼굴을 바라볼 때, "하나님께서 더 큰 좋은 길을 준비해 놓으셨는데, 왜 그리 서두르느냐."고 그분이 먼저 이야기를 꺼냈습니다. 이 말을 듣는 순간 오늘 주님께서 나에게 말씀하시고 싶어 하시던 말씀이 이것이었구나 생각하는 생각이 불현 듯 들었습니다. 다른 이야기로 대화를 계속하려는 다른 집사님들의 질문에 입을 다문채 돌아오는 버스 안에서 마음 속 깊이 평안을 얻을 수 있었습니다.

　놀랍게도 12월 31일 종무식 날 아침, 1월 1일자로, 서울, 그것도 본부로 전근이 발표되었습니다. 그리고 신년 새해 7일간을 준비하며, 그렇게도 가고 싶어 하던 대학 진학을 준비할 수 있게 되었습니다.

정말로 더 신기한 건, 신학교가 아닌 정규 신학대학으로는 50명 정원의 야간과정이 서울 근교에 있는 서울신학 대학교 밖에 없어 부득이 이 학교를 선택하게 되었는데, 대학을 입학하자마자, 그 이듬 해부터 야간과정이 폐지되고, 주간학과와 통폐합되었다는 것이었습니다. 마치 하나님께서 나를 위하여 준비해 놓으셨던 것처럼, 내가 입학하자마자 야간과정이 사라지고, 주간과정으로 통합 되었을 뿐만 아니라 대학의 야간과정 자체도 문이 닫혔다는 것이 저에게는 너무나 기이하게 느껴졌습니다.

그 후 30여년의 회사와 교역생활 동안 지나보면 하나님의 은혜가 아닌 것이 없었고, 심지어 제가 직장에서 받는 보직까지 하나하나가 하나님의 뜻과 의도 가운데서 이루어지고 있었음을 시간이 지난 후에야 알게 되었습니다.

처음 직장을 출발하던 때, 세 가지의 조건을 놓고 일년 동안 매일 삼십 분이나 한 시간씩 그렇게 기도했던 조건대로 직장이 주어져 있었습니다. 자리를 옮길 때마다, 나 자신의 의도와는 다른 보직을 받았을 때에도 지나보면 그것이 저에게 훨씬 더 유익한 진로였음을 깨달을 수 있었습니다. 가장 낮아지고 부끄러운 모습으로 하나님을 떠나 있던 시간에도 주님은 바로 옆에 계셨고, 저와 함께 하시고 계셨던 것입니다.

　바로 지금 이 순간에도 주님은 끊임없이 저를 사랑하시고 계심을 이제서야 깨닫고, 하나님을 사랑하는 방법과 그분이 우리에게 허락하신 길을 깨달을 수 있도록 저에게 주신 은혜를 따라 조그마한 집필로 그분에게 영광을 돌리게 됩니다.

　하나님의 살아계심과 그 분이 지금 바로 여러분과 함께 계시고, 여러분에게 평안을 주시고 싶어하신다는 사실을 진실로 여러분 모두 알게 되기를 정말 간절한 마음으로 소망합니다.

너는 내게 부르짖으라.
내가 네게 응답하겠고 네가 알지 못하는
크고 은밀한 일을 네게 보이리라. (렘33:3)

〈 부 록 〉

신앙생활의 기초 성경

『영생의 길』인용 성경 구절

1. 하나님의 창조

(창 1:1) 태초에 하나님이 천지를 창조하시니라.

(창 1:27-28) 하나님이 자기 형상 곧 하나님의 형상대로 사람을 창조하시되 남자와 여자를 창조하시고, 하나님이 그들에게 복을 주시며 하나님이 그들에게 이르시되 생육하고 번성하여 땅에 충만하라, 땅을 정복하라, 바다의 물고기와 하늘의 새와 땅에 움직이는 모든 생물을 다스리라 하시니라.

(창 3:22-23) 여호와 하나님이 이르시되 보라 이 사람이 선악을 아는 일에 우리 중 하나 같이 되었으니 그가 그의 손을 들어 생명나무 열매도 따먹고 영생할까 하노라 하시고, 여호와 하나님이 에덴동산에서 그를 내보내어 그의 근원이 된 땅을 갈게 하시니라.

(딛 1:2) 영생의 소망을 위함이라 이 영생은 거짓이 없으신 하나님이 영원 전부터 약속하신 것인데,

2. 인간의 죄

(롬 5:12) 그러므로 한 사람으로 말미암아 죄가 세상에 들어오고 죄로 말미암아 사망이 들어왔나니 이와 같이 모든 사람이 죄를 지었으므로 사망이 모든 사람에게 이르렀느니라..

(롬 1:21-23) 하나님을 알되 하나님을 영화롭게도 아니하며 감사하지도 아니하고 오히려 그 생각이 허망하여지며 미련한 마음이 어두워졌나니 스스로 지혜 있다 하나 어리석게 되어 썩어지지 아니하는 하나님의 영광을 썩어질 사람과 새와 짐승과 기어다니는 동물 모양의 우상으로 바꾸었느니라.

(롬 14:23) 의심하고 먹는 자는 정죄되었나니 이는 믿음을 따라 하지 아니하였기 때문이라 믿음을 따라 하지 아니하는 것은 다 죄니라.

(약 4:17) 그러므로 사람이 선을 행할 줄 알고도 행하지 아니하면 죄니라.

(요일 3:4) 죄를 짓는 자마다 불법을 행하나니 죄는 불법이라.

(요일 5:17) 모든 불의가 죄로되 사망에 이르지 아니하는 죄도 있도다.

3. 심판과 형벌

(히 10:27) 오직 무서운 마음으로 심판을 기다리는 것과 대적하는 자를 태울 맹렬한 불만 있으리라.

(계 21:8, 개정) 그러나 두려워하는 자들과 믿지 아니하는 자들과 흉악한 자들과 살인자들과 음행하는 자들과 점술가들과 우상 숭배자들과 거짓말하는 모든 자들은 불과 유황으로 타는 못에 던져지리니 이것이 둘째 사망이라.

(엡 2:8-9) 너희는 그 은혜에 의하여 믿음으로 말미암아 구원을 받았으니 이것은 너희에게서 난 것이 아니요 하나님의 선물이라. 행위에서 난 것이 아니니 이는 누구든지 자랑하지 못하게 함이라.

4. 예수 그리스도

(요 3:16) 하나님이 세상을 이처럼 사랑하사 독생자를 주셨으니 이는 그를 믿는 자마다 멸망하지 않고 영생을 얻게 하려 하심이라.

(요 14:6) 예수께서 이르시되 내가 곧 길이요 진리요 생명이니 나로 말미암지 않고는 아버지께로 올 자가 없느니라.

(딤전 2:5) 하나님은 한 분이시요 또 하나님과 사람 사이에 중보자도 한 분이시니 곧 사람이신 그리스도 예수라.

(벧전 3:18) 그리스도께서도 단번에 죄를 위하여 죽으사 의인으로서 불의한 자를 대신하셨으니 이는 우리를 하나님 앞으로 인도하려 하심이라 육체로는 죽임을 당하시고 영으로는 살리심을 받으셨으니

(고전 15:3-4) 내가 받은 것을 먼저 너희에게 전하였노니 이는 성경대로 그리스도께서 우리 죄를 위하여 죽으시고, 장사 지

내 바 되셨다가 성경대로 사흘 만에 다시 살아나사

5. 사죄하는 길

(사 1:18) 여호와께서 말씀하시되 오라 우리가 서로 변론하자 너희의 죄가 주홍 같을지라도 눈과 같이 희어질 것이요 진홍 같이 붉을지라도 양털 같이 희게 되리라.

(마 11:28) 수고하고 무거운 짐 진 자들아 다 내게로 오라 내가 너희를 쉬게 하리라.

(요일 1:9) 만일 우리가 우리 죄를 자백하면 그는 미쁘시고 의로우사 우리 죄를 사하시며 우리를 모든 불의에서 깨끗하게 하실 것이요.

6. 성령님의 도우심

(롬 8:26) 이와 같이 성령도 우리의 연약함을 도우시나니 우리

는 마땅히 기도할 바를 알지 못하나 오직 성령이 말할 수 없는 탄식으로 우리를 위하여 친히 간구하시느니라.

(고전 12:3) 그러므로 내가 너희에게 알리노니 하나님의 영으로 말하는 자는 누구든지 예수를 저주할 자라 하지 아니하고 또 성령으로 아니하고는 누구든지 예수를 주시라 할 수 없느니라.

(계 3:20) 볼지어다 내가 문 밖에 서서 두드리노니 누구든지 내 음성을 듣고 문을 열면 내가 그에게로 들어가 그와 더불어 먹고 그는 나와 더불어 먹으리라.

7. 놀라운 축복

(골 1:14) 그 아들 안에서 우리가 속량 곧 죄 사함을 얻었도다.

(요 1:12) 영접하는 자 곧 그 이름을 믿는 자들에게는 하나님의 자녀가 되는 권세를 주셨으니

(히 9:28) 이와 같이 그리스도도 많은 사람의 죄를 담당하시려고 단번에 드리신 바 되셨고 구원에 이르게 하기 위하여 죄와 상관 없이 자기를 바라는 자들에게 두 번째 나타나시리라.

(벧전 4:5) 그들이 산 자와 죽은 자를 심판하기로 예비하신 이에게 사실대로 고하리라.

(요 5:24) 내가 진실로 진실로 너희에게 이르노니 내 말을 듣고 또 나 보내신 이를 믿는 자는 영생을 얻었고 심판에 이르지 아니하나니 사망에서 생명으로 옮겼느니라.

8. 결론

(신 28:2) 네가 네 하나님 여호와의 말씀을 청종하면 이 모든 복이 네게 임하며 네게 이르리니

(요삼 1:2) 사랑하는 자여 네 영혼이 잘됨 같이 네가 범사에 잘되고 강건하기를 내가 간구하노라.

(요 5:39) 너희가 성경에서 영생을 얻는 줄 생각하고 성경을 연구하거니와 이 성경이 곧 내게 대하여 증언하는 것이니라.

(고후 5:1) 만일 땅에 있는 우리의 장막 집이 무너지면 하나님께서 지으신 집 곧 손으로 지은 것이 아니요 하늘에 있는 영원한 집이 우리에게 있는 줄 아느니라.

(벧후 3:9-13)주의 약속은 어떤 이들이 더디다고 생각하는 것 같이 더딘 것이 아니라 오직 주께서는 너희를 대하여 오래 참으사 아무도 멸망하지 아니하고 다 회개하기에 이르기를 원하시느니라. 그러나 주의 날이 도둑 같이 오리니 그 날에는 하늘이 큰 소리로 떠나가고 물질이 뜨거운 불에 풀어지고 땅과 그 중에 있는 모든 일이 드러나리로다. 이 모든 것이 이렇게 풀어지리니 너희가 어떠한 사람이 되어야 마땅하냐? 거룩한 행실과 경건함으로하나님의 날이 임하기를 바라보고 간절히 사모하라. 그 날에 하늘이 불에 타서 풀어지고 물질이 뜨거운 불에 녹아지려니와 우리는 그의 약속대로 의가 있는 곳인 새 하늘과 새 땅을 바라보도다.

(계 14:13) 또 내가 들으니 하늘에서 음성이 나서 이르되 기록하라 지금 이후로 주 안에서 죽는 자들은 복이 있도다 하시매 성령이 이르시되 그러하다 그들이 수고를 그치고 쉬리니 이는 그들의 행한 일이 따름이라 하시더라.

(요 6:39-40) 나를 보내신 이의 뜻은 내게 주신 자 중에 내가 하나도 잃어버리지 아니하고 마지막 날에 다시 살리는 이것이니라. 내 아버지의 뜻은 아들을 보고 믿는 자마다 영생을 얻는 이것이니 마지막 날에 내가 이를 다시 살리리라 하시니라.

(벧후 3:8-9) 사랑하는 자들아 주께는 하루가 천 년 같고 천 년이 하루 같다는 이 한 가지를 잊지 말라. 주의 약속은 어떤 이들이 더디다고 생각하는 것 같이 더딘 것이 아니라 오직 주께서는 너희를 대하여 오래 참으사 아무도 멸망하지 아니하고 다 회개하기에 이르기를 원하시느니라.

(요 5:24) 내가 진실로 진실로 너희에게 이르노니 내 말을 듣고 또 나 보내신 이를 믿는 자는 영생을 얻었고 심판에 이르지 아니하나니 사망에서 생명으로 옮겼느니라.

(요 5:29) 선한 일을 행한 자는 생명의 부활로, 악한 일을 행한 자는 심판의 부활로 나오리라.

(요 8:51) 진실로 진실로 너희에게 이르노니 사람이 내 말을 지키면 영원히 죽음을 보지 아니하리라.

예 · 수 · 구 · 원
나는 어떻게 예수님을 믿는가?

초판1쇄 발행 2015년 6월

지은이 · 이일화
펴낸이 · 조정애
펴낸곳 · 유림프로세스

등록번호 · 제 2013-000003호
등록일자 · 2013. 1. 7
서울특별시 중구 충무로 21-12(초동)
Tel. (02)2264-1653 / Fax. (02)2264-1655
정가 · 11,000원
ISBN · 978-89-98771-05-8 03230